文学の力×教材の力

小学校編——1年

文学の力×教材の力◉小学校編

［1年］

刊行にあたって

シリーズ『文学の力×教材の力』の刊行にあたって、企画の意図を述べておきます。

文学の研究状況における「知の最前線」が次々に移動していき、そのことの虚妄が多くの文学研究者の目にも露わになったのが、二十世紀末だったのではないでしょうか。研究は常に細分化し、緻密化へと進行していきましたが、他方で、その進行自体を転倒させ、新たな地平を拓くパラダイム変換の運動が起こりました。例えば、作品概念対テクスト概念の対峙でした。しかし、両者は相互に癒着し、互いが批判者・対話者を持ち得ず、ポストモダニズム運動もそれ自体失速し、混迷してしまいました。しかも、一人一人の研究がそろってタコつぼの中にある、そうした文化共同体に陥って、その自意識を欠落させていたと思われます。そこで、文学研究の膨大な知識・蓄積をいったん棚上げし、これを囲い込み、問題の入り口に立つ必要があろうかと思います。すなわち研究対象の本義である〈本文〉そのもの、あるいはまた文学的価値の探求それ自体に向かわせ、文学入門にいったん戻れ、と要求するのです。この状況は「国語科教育」の文学教育の問題に連続しています。

バブル崩壊から、国際化社会への新たな参加と情報化社会という時代の要請を受けて、「教育改革」が打ち出されました。そこでは文学教育およびその指導のあり方が厳しい批判にさらされ、「読むこと」が軽んじられ、「話すこと」「聞くこと」「書くこと」が優先されています。「読み深める」という行為は情報のスピード化を停滞させる効率の低いもの、むしろ邪魔をするものと考えられているからです。先端情報機器が時代を動かし、社会の構造を大きく造り変えていくのだから、それに即応する教育を目指すというのは当然に見えるでしょうが、そこに根本的誤謬、あるいは陥穽があると私たちは考えます。むしろその情報伝達の機能が進化するにしたがって、そこから起こる障害に対応し、逸脱・脱落する人間の影・闇に立ち向かうところにこそ、教育及び文学教育の力の本領があるはずです。

私たちは一九九九年二月から七月にかけて、高等学校の文学教材を対象として右文書院から『〈新しい作品論〉へ、〈新しい教材論〉へ●文学研究と国語教育研究の交差』全六巻を刊行し、さらに同社からその続編である高校古典編、高校評論編も刊行予定です。こうした動向のなかで、今回教育出版が全社総力を挙げて、小学校編六巻、中学校編三巻に別巻一を加えた『文学の力×教材の力』全一〇巻という企画を立ち上げました。それぞれの巻に各六作品、一作品に文学研究者と国語教育研究者の二名、計百八名の方々に執筆していただき、互いに論考を対置させ、さらに批評し合う「所感交感」を付し、相互の専門性の相対化を試みました。これをさらに十八のエッセーが相対化し、俯瞰していきます。多くの近代文学研究者・国語教育研究者が教材化された文学作品の〈本文〉を全力で論じ合うことは、両分野にとって衝撃的なものになるに違いないと狙いをつけていますが、小学校・中学校の先生方はじめ、多くの読者の方々の関心・興味をも引きつけると期待しています。

実は、こうした事業こそ二十一世紀の新たな研究と教育のあり方を切り拓き、日本の文化の質を高めるものと信じているのです。

二〇〇一年二月一日

田中　実
須貝　千里

もくじ

■編者
田中　実
須貝　千里

おおきなかぶ■ロシア民話■

中村　三春／汐見　稔幸

「おおきなかぶ」を抜くものたち

中村　三春

序　『おおきなかぶ』を読むために

本稿でテクストとする『おおきなかぶ』（一九六二・五初版、一九七二・七新版　福音館書店）は、ロシア民話をA・トルストイが再話し、それを内田莉莎子が訳し、佐藤忠良が挿画を担当したものである。一般に多くの民話・説話・昔話は洋の東西を問わず、魔法や超能力、超常現象の要素を持っている。『おおきなかぶ』の物語にも、やはり超常的な部分はあるが、その程度は極めて大きいというほどではない。第一におじいさんの植えた蕪が「あまい　あまい　かぶになれ。おおきな　おおきな　かぶになれ」というおじいさんの言葉によって、言葉通りに大きく成長したこと、第二にはその成長した蕪が大勢でかかっても容易に抜けないほど巨大であったこと、第三にそれを抜くのに人間たちと動物群が協力したことである。

まず、第一のまじない（呪文）めいた言葉は、確かに一種のアニミズムと見なしうる。蕪の巨大化は、このまじないの実現として現象したとも言えるからである。しかし、栽培作物の成長を言葉に出して願うのは、素朴な感覚としても奇異ではない。おじいさんは単なる人であって魔法使いではなく、この言葉で蕪に魔法をかけたわけではない。すなわちこれは、蕪の巨大化が呪文の超常的な実現としてなされたという筋に重点が置かれた物語ではない。

次に第二の蕪の巨大さであるが、テクストには「あまい　げんきのよい　とてつもなく　おおきい　かぶが　できました。」とあるだけで、どれほどの大きさの蕪であるのかは見当がつかない。佐藤忠良による挿画は、蕪の根の直径を大人の身体さえはるかに凌駕するほどの大きさに誇張して描いている。しかし、文字通りにとらえれば、容易に抜けないほどの大きさに蕪が育つという現象は、超常的というほど驚異的ではない。

また、第三のポイントとして、もちろん現実には動物と人間がストレートにコミュニケーションを行うことはありえないが、一般の民話・説話・昔話の文法からすれば、その程度のアニミズムはやはり驚くに足りない。従ってこれらの観点に限ってみれば、『おおきなかぶ』は、事態の異常さによって第一に読者の関心を引くような〝驚きの文学〟としての民話ではないことになる。超自然的驚異を核心としない『おおきなかぶ』において、それでは何が代わりに前面に出されて来るのだろうか。本稿では、物語の反復構造に留意しながら、主として蕪のイメージ、人間と自然との関わり、弱小な者への眼差し、そして世界の連鎖への参与などのトピックに触れ、『おおきなかぶ』を読み直してみたい。

一　人間と蕪――文明の目的論

アブラナ科の植物・カブははやくから栽培されて食用とされた野菜であり、人類とのつきあいは紀元前をはるかにさかのぼる。葉とともに食用とする蕪の根は一般に球形をしている。蕪は大地に根を張り、球形という充実した形態を呈することから、豊穣のイメージを与えるものと見てよいだろう。この豊穣のイメージは、物語の冒頭から、おじいさんのまじないにも似た言葉によって先取りされている。

おじいさんが　かぶを　うえました。
「あまい　あまい　かぶになれ。
おおきな　おおきな　かぶになれ」

蕪の甘さ、大きさは、蕪が本来持っている豊穣のイメージを誇張して強化する特徴である。そして物語は、次の段でさっそくこの豊穣のイメージを実証する。

あまい　げんきのよい
とてつもなく　おおきい
かぶが　できました。

甘さ、大きさに加えて、「げんきのよい」という修飾句が付加されることで、この蕪の属性として、活力・生命力の要素が算入されることになる。大地の豊穣と生命力、それこそが、象徴的な意味で蕪に与えられたイメージにほかならない。この後、おじいさんらが蕪を抜こうとしても抜けないのは、むしろ蕪の豊穣さと生命力の強度のゆえとして読み取れるだろう。非常に大きく育った蕪が容易に抜けないのはその成長の証しであり、またそれが実った大地から離れることに抵抗するのは、成長に必要な栄養や水分と日照とを与えてくれた大地との一体化に由来する、豊穣さと生命力の表現である。蕪の巨大化は、第一には「あまい　かぶになれ。おおきな　おおきな　かぶになれ」というおじいさんのまじないをコンテクストとしてとらえられるが、他方では蕪じたいの生命力が、人間の期待をはるかに凌駕する水準で達成されたと言えるかも知れない。

まじないの実現と、蕪じたいの生命力の発現とは、蕪の巨大化という一つの現象に同居する二つの要素である。前者は栽培農作物の豊かな実りを願う、文明的・産業的な人為の回路であり、後者は生命体としての植物（蕪）、ひいては自然が、本来持っている摂理の回路である。この両者は、一つの現象に同居しうることから見て、必ずしも矛盾するものでない。農業はすべからく、自然の摂理を人為的に調整して利益を上げる産業だからである。しかし、抜こうとして容易に抜けないという事態には、人間による栽培・収穫という目的論的な行為と、蕪が有する自然の奔放で無軌道な増殖作用との対立が示唆されているだろう。

おじいさんは
かぶを　ぬこうと　しました。
うんとこしょ　どっこいしょ
ところが　かぶは　ぬけません。

成長を遂げた栽培作物は、人間であるおじいさんにとっては、当然収穫すべきものでしかない。この当然の筋道を、蕪は淡々と拒絶する。「ところが　かぶは　ぬけません」。すなわち、この蕪の抜かれることに対する抵抗、及びその蕪を抜く事業そのものに、自然と人間との間の関係が呈示されていることになる。

おじいさんや人間にとって、蕪が甘く、大きいのは、それを収穫して食べたり売ったりする目的に適合しているからである。おじいさんが蕪を植えたとき、最初にまじないをかけるのは、このような目的論に従っている。もちろん、それを人間による自然の収奪とか、自然に対する資本制的支配などと、厳しく批判的にとらえる必要はあるまい。ただし、このような目的論は無根拠なものではなく、制度的秩序の中心にあるシステムと、たとえ迂遠にであるにせよ、確かに繋がりを持っている。蕪の成長は、人間にとっては、このような目的論の実現にほかならない。ところが蕪の側からすれば、それが甘く、大きいのは、それじたいの生命力の表現に過ぎず、人間のあらゆる意味での目的論とは関係がない。巨大化した蕪が引き抜かれることに対して示す物理的な抵抗は、それじたいが豊穣と生命力の表現であると同時に、こうした文明的目的論に対して自然が試みた一種の闘争とも見られるのである。

蕪の抜かれることに対する抵抗は、表面上、文化的というよりも摩擦・抵抗という物理的な意味を有する。この物理的抵抗力が、おじいさんを先頭とする人物・動物群に次々と伝達され、彼らがそれに対して反抵抗力を結集することにより、最後には蕪が引き抜かれる。根を確実に地中に埋めた蕪の姿は、まさしくそのような抵抗力の中心として想定でき、その力の中心に対して、人物群は離心的な力を、この伝達の回路を通じて及ぼすことになる。ここには中心からの逸脱・離脱の形象が認められる。この場合の逸脱・離脱とは、人間の前に厳然と屹立する自然の強度から逃れ、収穫物を手中にしようとする意志的な力を源泉とするのである。

そして最後には文明的目的論が、蕪の抵抗に対して勝利を収め、蕪は引き抜かれる。しかし、もちろん蕪の自然の力が無に帰したのではないだろう。蕪のあのような強い抗いのゆえにこそ、蕪の巨大さ・豊穣性・生命力は確証され、他面、結集された目的論の力もまた確証されるのである。従って、『おおきなかぶ』の物語は、文明と自然との二者のいずれをも捨象せず、また単純に両者を融和せしめるのでもなく、まさしく両者の拮抗において世界を表象するものであると言えるだろう。

二　周縁的人物群――弱小なものへの眼差し

抜けない蕪を抜こうとして、「おじいさんは　おばあさんを　よんできました」。『おおきなかぶ』の蕪抜きに参加するのは、おじいさん・おばあさん・孫・犬・猫・鼠である。ここには、社会における主たる労働力としての青壮年期の男女、特に一家の働き頭であるはずの父・母が登場しない。なるほど、前近代において労働力年齢は現在とは異なり、老人も子どもも労働に従事したことだろう。また、必ずしも家族全員が顔をそろえて蕪抜きに参加しなければ不自然であるということもない。しかし、主要労働力としての青壮年層が一切登場しないこと、また、祖父母から、父母を飛び越して孫へと連携することには、何らかの意味がありそうである。そのことは、この物語が、社会や生産などの象徴的中心から外れた、周縁の領域を舞台とすることを明確に語っている。

登場人物のうち初めの三者は生産労働における周縁を形作り、後の三者は動物であって、異類として人間の秩序に対する周縁を形作る。人間、中でも非就労年齢者と動物群との直結が、ここには見られる。言うまでもなく動物と人間とがコミュニケーションを行う世界は、理念的には非日常的な空間にほかならない。その非日常性は、その構成員の周縁性と通底する。こうして、これら登場人物の分布と、この両者の結合とに

より、『おおきなかぶ』は周縁的な場所における、情緒的共同体《コミュニタス》の成立を語ることが分かる。(1)

蕪抜きに参加する順序は、おじいさん→おばあさん→孫→犬→猫→鼠の順である。この順序は、恐らく相対的には権力的中心から周縁へ、社会における強者から弱者へ、の構造を象徴的に示すものだろう。〝象徴的〟にとは、現実において祖父が必ずしも祖母よりも権力に近いとは限らず、犬が必ずしも猫よりも強いという必要はないという意味である。(現実には、状況によって大きな犬は孫を襲うかも知れず、元気のいい鼠は猫の子を傷つけるかも知れない。)しかも、先に述べたように、本質的には、この空間には権力の中心が欠けている。この位階において最上位を占めるおじいさんでさえ、決して権力的中心にあるわけではない。〝相対的には〟という所以である。従って物語の舞台となる周縁の領域において、さらに中心から周縁へと逸脱する運動性が、ここに加えられているということになる。

逸脱に継ぐ逸脱。離脱に継ぐ離脱。それこそが『おおきなかぶ』のアクション(人物=筋)が示す方向性にほかならない。そして、このような逸脱の方向性はまた、おじいさんをはじめとする大人の人間だけでは可能でなかった蕪抜きの事業を、子どもや動物という、より弱い、より小さな存在者が実現に導いていくプロセスでもあった。その極点において、鼠という極小かつ微力の存在者が、最終的に蕪抜きの事業を完成させるのである。ここには、社会的な秩序の上下関係に対するアイロニー、あるいは逆転の発想が認められる。

このように考えるなら、おじいさんから鼠に至るまでの列の構成は、この順序以外のものではありえなかったということになろう。比較的、大きく強い者をそれよりも小さく弱い者が助け、この小さく弱い者の助力によってこそ、大きく強い者もまた良い帰結に到達しうるのである。むしろ、より弱く、より小さな存在者が、自然の抵抗に対処する事業にとって決定的に強く、大きな意味を持たされているのである。そしてこのようなより弱小な者の価値の肯定こそ、中心から周縁への逸脱を枠組みとした、『おおきなかぶ』の物語の核にあるものではなかろうか。だから、『おおきなかぶ』というタイトルは、暗黙に「ちいさなX」を含意させられてしまう。「おおきなかぶ」収穫の作業にとって最も多くをなし、多くを分け与えられるべきものは、より小さな誰かなのである。

三　反復構造と連鎖——語り口の問題

抜けない蕪を抜こうとしているおじいさんのところに、次々と手助けがやってくる。一人、また一人と加勢が増えても、なかなか蕪は抜けない。

まごが　おばあさんを　ひっぱって、
おばあさんが　おじいさんを　ひっぱって、
おじいさんが　かぶを　ひっぱって——
うんとこしょ　どっこいしょ
まだ　まだ　かぶは　ぬけません。

まごは　いぬを　よんできました。

このようなフレーズが飽くことなく繰り返される。このようなパターンの繰り返しは、幾つかの要素から成っている。①まず、参加する人々が連鎖状に繋がり、次々と前の人を引っ張ること。②また、「うんとこ

しょ　どっこいしょ」という掛け声、「まだ　まだ　かぶは　ぬけません」という結果が、毎度、ほぼ変わりなく繰り返されること。③さらに、「まごは　いぬを　よんできました」と、既にこの事業に参加した者が、新たな参加者を「よんで」来て、次々に参加者を増やしてゆく、という反復。予想される期待と、その期待の実現を阻む障害の感覚とが、同じパターンの繰り返しによってこのうえなく鮮明に認識させられる。そしてまたこのような反復構造は、物語にリズムを与え、黙読でも音読でも高い効果を上げるような物語の魅力を与える源泉ともなっている。

この期待と障害との反復は、このような物語の繰り返しの中で、もしかしたら永遠に行われるのかも知れないという印象すら生んでいる。このような印象は、かりそめの不条理性とさえ言えるかも知れない。いわば、人間と自然との間の力の拮抗は、始まりもなく終わりもないような、不条理で解決のつかない摂理なのだという感覚である。そのような摂理から、この闘争の連鎖に加わる人も犬も猫も、誰しも逃れることはできない。しかし、そのような一片の不条理をもかいま見せながらも、物語の結末で、一挙に問題は解決する。これは労働が報われる物語であり、世界から不条理の闇を一掃する結末である。この結末は典型的なカタルシス（浄化）になっている。

ねずみが　ねこを　ひっぱって、ねこが
いぬを　ひっぱって、いぬが　まごを　ひっぱって、
まごが　おばあさんを　ひっぱって、おばあさんが
おじいさんを　ひっぱって、おじいさんが
かぶを　ひっぱって——

うんとこしょ
どっこいしょ
やっと、
かぶは　ぬけました。

なお、『おおきなかぶ』は数種類の翻訳が刊行されているが(2)、教科書で使用されている本文として、本稿のテクストである内田訳のほか、西郷竹彦の訳(3)がある。ちなみに、この蕪抜きへの参加者を語る文章は、それ以外の表現は内田訳とそれほど違わない西郷訳では、これとは微妙に異なっている。

かぶを　おじいさんが　ひっぱって、おじいさんを　おばあさんが　ひっぱって、おばあさんを　まごが　ひっぱって、
まごを　いぬが　ひっぱって、いぬを　ねこが　ひっぱって、
ねこを　ねずみが　ひっぱって、
「うんとこしょ、どっこいしょ。」

とうとう、かぶは　ぬけました。

つまり、内田訳では列の末端のねずみが起点となっているのに対して、西郷訳では列の中心にある蕪とお

じいさんが起点となっている。内田訳は、連鎖の終末に、弱く、小さな存在者の連なっている点を前面に出して、それらの存在者に脚光をあてているのに対して、西郷訳は蕪という作業の対象を最初に出して、〝蕪を抜く〟という目的論が強調される訳と言えるだろう。いずれにしても、メンバーは次のメンバーを「よんで」来て、また次のメンバーは躊躇なくこの仕事に従事する。糧を得るという目的論的世界の、一面不条理でもあるような困難な労働に、このメンバーらは連座してゆく。このような存在者の連鎖・連環の感覚こそ、このような反復構造が大きくクローズアップするところのものではなかろうか。

このような語り口の違いによって、両者のニュアンスの差異が生まれている。さらに、ヴィクトル・ガツアーク編のロシア民話集(4)（渡辺節子訳）に収められた『大かぶら』は、内容の点ではほとんど変わらないが、孫を「孫娘」とし、また犬を「飼犬ジュチカ」と呼んでいる。また、この列の描写についてもいささか特徴的である。

猫の後ろにねずみ。
飼犬ジュチカの後ろに猫。
孫娘の後ろに飼犬ジュチカ。
おばあさんの後ろに孫娘。
おじいさんの後ろにおばあさん。
大かぶらの後ろにおじいさん。
ひっぱって、ひっぱったら、やっとこさ大かぶらは抜けたんだと。

翻訳の正否やロシア民話のヴァリアントの追究は、到底、筆者がその任に堪えるものではない。せめて言葉の印象のみから見るなら、ガツァーク編『大かぶら』では、他の登場人物すべてが無名なのに、犬だけが「ジュチカ」という名前を与えられている。これは犬が（農民の）家庭において占める位置と、また人間と動物の両世界を媒介する役割を果たすことなどを示唆するものだろうか。ともあれ、「の後ろに」といういささかユニークな繋ぎによって、列の末端から語られるのは内田訳の場合に近い。いずれにしても、『おおきなかぶ』の物語におけるセクションの反復は、反復するたびに参加者が増え、期待と障害との間の緊張もまた増大し、カタルシスへ向かうテンションを漸次的に高調させてゆく、累加的な反復構造にほかならない。その中で、祖父母と孫、人間と動物とは、同じ摂理に参与する者としての関係を付与され、そしてその絆もまた強化されてゆくのである。

四　アレゴリーとしての『おおきなかぶ』

『おおきなかぶ』をアレゴリー（寓話・寓意）として読む場合、まず注意しなければならないのは、アレゴリーは一義的な読みを決して帰結しないということである。ベンヤミンのアレゴリー論は、歴史的・宗教的に決定され、一対一的な意味表象を行うシンボル（象徴）に対して、アレゴリーを意味と表象が切り離され、組み替えによって多様な表現を行うモザイク的な記号として定式化した。(5) ここまでに見てきたような『おおきなかぶ』の内容も、必ずしも唯一の意味に収斂するようなものではなく、むしろ全く相反する要素の集合であるとさえ言えるのである。

『おおきなかぶ』の物語の根底にあったのは、人間の目的論＝文明と自然との間の拮抗であった。この拮抗状態の中で、蕪抜きという目標を実現するために結集した人々は、いずれも権力的中心に属さない周縁的な存在者であり、また彼らの内部においても、より強く、大きな者から、より弱く、小さな者へという中心からの逸脱・離脱の方向性が働いていた。このような方向性をはらみつつ、彼らはいずれも一面では不条理とも見える労働に参加し、お互いの間に連繋を作り出し、そのことが反復構造によって呈示されていた。その他、ここに挙げない様々なトピックを幾らでも掘り出すことができるだろう。ただし、このような『おおきなかぶ』の諸要素を組み替えて、その都度のアレゴリーを紡ぎ出す操作は、読者各自に委ねられているのである。

まず、人間と自然との関わりである。蕪は確かに安直に抜けることを拒絶したから、人間と自然とはその限りでは対立的とも見られる。しかし、最後には蕪は抜かれ、抜かれることによって人間にとっての収穫となり、また人間・動物間の連繋をも生み出した。従って人間はこの対決に勝利したとも言えるし、逆に勝利することによって自然の恩恵に浴し、その限りで自然に服従したとも言える。列の中心にあった蕪＝自然は、やはり文明にとっても中心的な位置を占めている。だからこれは対立をはらんだ協調であり、人間にとっての勝利であり、かつ服従でもあるとしか言えないだろう。『おおきなかぶ』は、人間・自然の関係を決して単純な見方では描いていないのである。

次に、物語の世界の周縁性である。制度的中心から逸脱したメンバーが、さらに強大なものから弱小なものへと優位を譲り渡す物語として『おおきなかぶ』は表象しうる。すると、これは周縁世界による中心的権力の簒奪の物語である。言い換えれば、老人・子ども・動物などのように秩序からはみ出す存在者が、協力しあって一大事業を成し遂げ、それによって世界内に占める意義を高めるということである。しかし、逆に見るならば、これは例えば親が不在のときに頑張って悪者を追い払う子どもたちのように、不在の権力的中心を代行する活動に過ぎないとも言えないことはない。それは周縁によって語られた中心の物語に過ぎない。すなわち前述の人間と自然との関わりに置き換えれば、人間による自然支配の実現の寓意ということになろう。

さらに、次々と列に加わって力を貸し、蕪抜きの目標を実現する存在者の連環についてはどうか。たぶん、『おおきなかぶ』から取り出される最も強力な寓意はこれだろう。すなわち、一人では容易に成就しえない事業を、より弱小な者へと受け渡される連繋プレイによって協力し、これを成就するということ。また、そのプロセスにおいて、人間のみならず動物を含めた一切衆生が、世界の存在者の連環を作り出し、その中で確実に位置を占めていること。このような協力・協業の価値、世界の存在者の緊密な相互関係の意義、砕いて言うならば、一人ではできないことも大勢で協力してやればできるし、そのような大勢は皆仲間なのだという教訓的メッセージである。

しかし、この一見全肯定的な教訓は、これが自然の側からの抵抗を宿しており、また周縁的世界における逸脱のパターンを内包した物語でもあるという先述までの見方を組み合わせると、幾分意味がずれてくる。一切衆生が全体として自然との錯綜した関係の中にあるとすれば、存在者の連環は、まず自然との間の対立と協調の問題を解決しないことには、肯定的にはとらえられない。またメンバーたちのいずれにせよ劣性を帯びたキャラクターは、このメンバーには入らない、つまり仲間でない者がないとは限らないとの可能性を示唆している。オプティミストが見ればそうした肯定的教訓譚とも言えるが、悪意をもって否定的に見ようとすればこれも不可能ではない。『おおきなかぶ』は、そのように両義的なアレゴリーの触媒となりうるテクストである。

そして極限においては、これはただ単に、抜けない蕪が抜けただけの物語を、リズミカルな反復の語り口によって面白おかしく書いただけのファルス＝意味なし（ノンセンス）のストーリーなのだとさえ、言って言えないことはないのである。否むしろ、一切のアレゴリーを捨て去り、言葉じたいの表層へと回帰する読み方を徹底すれば、ルイス・キャロルやマザーグースなどの意味なしへの志向も、『おおきなかぶ』には認められるのである。いずれにせよ、『おおきなかぶ』には、どこか汲み尽くしがたいものがある。まだこれら以外にも、隠された意味の萌芽が多々埋設されているように感じられるのである。そのような理由から、小学校一年生の児童がこのテクストに触れること、それは、人が言葉のゆたかさを知る端緒として、比類のない体験となることだろう。

【注】

（1）コミュニタスは文化的劣性を帯びた集団の形作る共同体を指す。山口昌男『文化と両義性』（一九七五・五　岩波書店）参照。

（2）中井貴恵・訳（一九九九・一〇　ブロンズ新社）、松谷さやか・文（一九九六・一　フレーベル館）、田島征三・文（一九八八・五　ミキハウス）、香山美子・文（一九八七・一　ひかりのくに）、その他。

（3）渋谷孝・市毛勝雄編『授業のための全発問　文学教材』第一巻（一九九一・三　明治図書）参照。

（4）ヴィクトル・ガツァーク編『ロシアの民話』Ⅰ（渡辺節子訳　一九七八・一二　恒文社）参照。

（5）ヴァルター・ベンヤミン『ドイツ悲劇の根源』（川村二郎・三城満禧訳　一九七五・四　法政大学出版局）参照。

『おおきなかぶ』の教材としての教育的価値について

汐見　稔幸

一　「たねを　まく」か「かぶを　うえる」か――作品の主題にかかわって

『おおきなかぶ』の教材論を論じることが課題であるが、実はこの民話にはいくつもの訳がある。教材論という言葉を、作品の教育的価値の吟味という意味にとると、どの訳を採用することがどのような教育的効果につながるかということの検討自体が課題になる。ここでは、代表的な訳である西郷竹彦訳と内田莉莎子訳を取り上げ、それぞれの特徴とその違いについて検討、吟味し、その過程でこの作品の教育的な価値や意味について論じることにする。

西郷訳はロシアのグリムといわれるアファナーシェフの再話したものを原典にしているが、内田訳はアレクセイ・ニコラエヴァ・トルストイの再話集からとったものである。手元に一九八四年版のロシア童話集版の『おおきなかぶ』(ロシア語版)があるが、これがどこからとった作品なのか記入がないので、二つの原典のいずれかと同じであるか否か等はわからない。二つの原典には残念ながら直接あたることができなかった。今回は、原典からの訳し方の逐語的吟味は問題とせず、二人のそれぞれの創作的翻訳ともいうべき作品を検討の素材にする。便宜的に~訳という言い方をするが、訳し方を検討しようとするのではない。

さて、この西郷訳と内田訳の二つの作品は、さりげなく読み飛ばすとさしたる違いがないように思われるが、つぶさに検討するとかなりの違いがあることがわかる。

まず、導入の文からして大きく違っている。作品の世界に児童がどう入っていくのかということは、その後の作品理解に一定の方向付けをすることがあるので、導入の文については作者も気を遣う。特に短編作品ではそうであろう。そこで、最初に二つの作品の導入の文の違いを吟味することによって、それぞれの文が読み手に与える影響を検討してみることにする。

導入の文はこうなっている。

「おじいさんが、かぶの　たねを　まきました。」(西郷訳)

「おじいさんが　かぶを　うえました。」(内田訳)

二つの文がそれぞれに喚起するイメージは、どう異なるだろうか。初発の感想として、「たねを　まく」という方が「うえる」よりもより指示内容が限定的である分、イメージ喚起の具体性も大きいように思えるのではないだろうか。野菜などを栽培した経験のある人間なら、この二つの文から抱くイメージの具体性のレベルに大して差はないだろう。しかし、ここではそういう経験が必ずしもない、低学年の子ども――言葉を手がかりにイメージを喚起するしかない――を念頭に置いている。

「かぶの　たねを　まく」の方は、かぶ、たね、まくと三段階に指示対象を分節化し関連づけている。読む者は、行為のイメージとして「たね」という限定された対象と「まく」という限定された動作をつなげるレベルで想起するだろう。しかし「かぶを　うえる」の方は、分節が二段階のため、植え方のイメージ想起に相当幅がありうる。仮にこの文が「かぶを　一本一本　うえました」のようになっていれば、同じように三段階に分節化していることになり、イメージがより限定されるのだが、内田はあえて二段階でとどめている。つまり、西郷訳はイメージをある方向で限定するような導入文で、内田訳はそこにやや曖昧さを残した導入文になっているのである。この違いをどう考えればいいのだろうか。

一般的には、今見たように「うえる」よりも「たねを　まく」という方が具体性や明示性が高いと考えられているので、こちらの方が子ども向けの作品にはよいのではないかと思われがちである。実際、内田訳を採用している教科書会社のなかにも、内田訳の「おじいさんが、かぶをうえました」という箇所だけを「おじいさんが、かぶの　たねを　まきました。」と書き替えているものがある（教育出版、学校図書）。しかし、後に内田は、そのことに抗議するように次のように述べている。

> いま気づいたのですが、この教科書も「おじいさんが、かぶのたねをまきました。」になっているのですね。しかし、私はここはやはり植えたとしたいのです。
>
> まくとうえるとではまったく違います。まくというのは複数の種子をぱらぱらまくことでしょう。でも、うえるは、一つずつ土の中に埋めこむことです。ぱらっと種子をまいて、どうしてとてつもなく大きなすてきなかぶが育つでしょうか？　おじいさんが愛情をこめて一つぶの種子をうえた、となぜ考え

られないのでしょうか。原文は、おじいさんが一つのかぶをうえました、となっています。(『改訂　小学校国語　一年　教師用指導書』一九八九・三　教育出版)

内田はかなり意識的に「うえました」という表現を選んでいることがわかる。もちろん「かぶの　たねをまきました」という表現が、内田のいうように自動的に「ぱらぱらとまく」というイメージにつながるかどうか、異見がありうるであろう。「たねを　まく」という表現だけでも、ぱっぱっとまくか、一粒一粒ていねいにまくかというような解釈の幅がある。内田は、その中で「ぱらぱらとまく」という解釈だけを選んでいるが、これは一般化できない。しかし、内田のいうように「一つずつ土の中に埋めこむ」というイメージをここで喚起したいのなら「かぶの　たねを　まきました」という言い方では不十分であることも事実であろう。

ただし、内田の選んだ「かぶを　うえました」という言い方が「一つずつ土の中に埋めこむ」というイメージを自動的に喚起するかどうかは別に吟味されなければならない。この言い方には、内田の主張とは異なって、別の意味作用があり、そのかぎりかなりの曖昧さが含まれているからである。編集者が書き換えたのは、その曖昧さを避けるためであった可能性がある。

「植える」という言い方は、「植えかえる」という表現に見られるように、すでに成長を始めていて、ある程度大きくなった植物をどこかに移植するという意味で使われることが多い。たとえば「苗を植える」というのは小さな苗株をどこかから植えかえる行為を指している。広辞苑には、「植える」は「根を土の中に埋める」(傍点汐見)意味だとの説明がある。発芽し、根がすでにある状態で、それを改めて土の中に埋める行為を指しているのである。

これに対して、内田は先の引用にあるように「かぶを　うえる」を「種子をうえた」という意味で使ったと言明している。しかし、この言い方はどうだろうか。「種を植える」という言い方はそれほど一般的ではないのではないか。たねは通常は「まく」「うめる」で、「種を植える」という言い方は「株を植える」の類比的な言い方ではないか。広辞苑には、「植える」に「種を土の中に埋める」という意味で使うという記述はない。おそらく他の辞書も同じであろう。

　ただし「植える」という語が、種をまき、育てていくさま一般を指し示す、ということはありうる。広辞苑には「植える」には「(比喩的に)今までなかったものを、定着させ発展させるようにする」という意味もある、とある。例として「科学的思考を少年の頭脳に植える」という文が載っているが、ここまで飛躍しなくとも、「かぶを　うえる」という言い方で、かぶを成長させるという一般的な内容を指し示そうということには無理がない。「木を植える」という言い方がされるときは、大体においてこの意味である。つまり、「かぶを　うえる」という言い方は、内田の言うように「かぶの種をていねいに一粒一粒まく」というように把握されることはなくとも、「かぶの種をまいて、今までそこになかったかぶという植物を大きく育てる」というごく一般的な意味ならありうる、ということである。「だいこんを　うえる」「にんじんを　うえる」など、みな同じであろう。

　いずれにしても、内田の説明にも無理があるということになる。結果として内田訳に二つの導入文ができたことになるが、いずれも、「一粒一粒ていねいに種をまいていった」という趣旨の文とは厳密にはいえないものになっていることになる。西郷訳の方は、はじめから「たねを　まきました」であるから、一粒一粒ていねいに種を埋めていった、というニュアンスではない。畑にぱらぱら種をまいていったというイメージに近い。内田訳は、ごく一般的にかぶを育てた、という意味か、内田の趣旨を生かすと、少ないかぶをていねいに植えてそこで育てたという意味か、いずれかになろう。後者の場合、おじいさんはどこかからかぶの苗を持ってきて、自分の家の近所に植えたというのが自然になる。

この両者は、どちらが正しいということではなく、二つの導入文の違いがその意味作用にいかなる違いをもたらすかである。

ところで、この二つの農民像＝おじいさん像はいずれが史実（事実）に近いと考えられるか。この点は、この作品の主題把握にもかかわっている。このことに関して、かつて古田足日が述べていた次の文が参考になる。


僕はこの絵本を見た時、人間はこのようにして生きてきたのだという深い感銘を受けた。ストーリイを解釈すれば、最初にでてくるおじいさんの願いは生産への願いであり、次に取り入れの労働があって、みんなが力を合わせて働く。そして取り入れの満足が表明されて終わる。ここにあるのは、はるかな昔からの人間の願いと行動であり、その具体的なあらわれは別として今日の人間もまたこのようにして生きている。人間の原理、人間の行動の原型の一つとでもいうものがこの絵本には描かれており、ぼくもこの絵本――その中心人物であるおじいさんの姿の背後に、層々と重なりあう幾百世代もの祖先の姿が浮かびあがってくるのを感じる。（日本児童文学者協会編『日本の絵本１００選』一九七七　ほるぷ出版）

作家の想像力はさすがに鋭いと感じさせられる文である。一般にこの作品の主題は、団結、協力すれば、何でもやりきれるものだというように受け取られることが多い。たとえば教育出版の平成十二年版の指導書には「ふだんは仲がいいと思えない登場人物たちが一人ずつ加わって力を合わせ、最後はいちばん小さな動物のねずみが加わり、みんなでおじいさんの後ろに連なって引くことでやっとかぶが抜けた。その喜び、そして、協力することの大切さが主題である。」と書かれている。これでも間違いではないと思うが、しかしこう受け取ると、この作品は典型的な道徳教材のようになってしまいかねない。子どもたちは、そのような教訓話としてこの作品を感じ取るだろうか。あるいは感じ取らねばならないのだろうか。

古田がすぐれていると思うのは、この作品をこうした教訓話的な方向に安易に流し込もうとしていないことである。古田はこの作品をむしろ象徴的な民話として感じとっている。生産力の低い社会で、人々がひっそりと、しかし懸命に支えあって、ものをつくって生きてきたこと、そのことがとりもなおさず生きるということなのだ。生きるということは、それ以上でも以下でもない。〈いいかい、子どもたちよ、生きるというのはそういうことなのだよ。私たちはそうして生きてきた。子どもたちもそのことを大事にして生きてほしい。〉――そういう願い、想いを子どもたちに言葉遊びの形でおもしろく伝える、そういう民話だというのである。古田は、そうした想いは、実は私たち自身が共有しなければならないものではないか、生きるということの意味や真実は、ある意味では単純なことの中にある、そのことを発見して感動した、と付け加えているが、そうした発想の中にも古田の面目がある。

私自身は、この作品の主題を、ふだんは仲のよくないものまでもがときには協力する、それが人生では大事だ、というような、その意味でわかりやすい人生訓にあるとは考えない。古田の言うように、人々の素朴な願い、喜び、苦労などを、言葉遊びの形で、わかりやすく伝えようとした物語だと考えてみたい。

そう考えると、先の問題、すなわちおじいさんはかぶの種をぱっぱとまいたのか、それとも一つずつていねいに植えたのか、という問題はどうなるか。現代のロシアでは、確かに一面にずうっとかぶを植えたような大規模な畑があるが、古い時代のおそらく貧しい農民で、かつ年取った老人である人物が一面にぱっぱっと種をまいたというのは、事実に反するだろうし、イメージしにくい。ここは、内田の言うように、大して大きくない土地に、ていねいに種をまき、みんなで大事に育てたという場面を想定したい。

このことは、そのあとに続く文言でも補説されていると思う。「あまい　あまい　かぶに　なれ。大きな　大きな　かぶに　なれ。」（内田訳、西郷訳）という言い方は、たくさんのかぶを一斉に大きな畑で育てるイメージではなく、一つ一つていねいに育てていくというイメージに近い。「あまい、げんきの　よい、とてつもなく　大きい　かぶが　できました。」（内田訳）も「あまい　あまい、おおきな　おおきな　かぶになりました。」（西郷訳）という言い方も、その前の文言と呼応して、一つ一つていねいに育ててきたというイメージを強めている。

その意味で、この老人は、大事な土地にていねいにかぶを育てようとした貧しい人物で、そうしたイメージの舞台設定になっていると考えてよいと思う。両者の訳とも、そうした方向で把握させるべきだろう。

二　イメージのせり上がり方——登場人物の順序について

次の西郷訳と内田訳の大きな違いは、人と動物の登場する順番である。四番目の段落（連）だけを比べてみよう。

［西郷訳］

おばあさんは、まごを　よんで　きました。
かぶを　おじいさんが　ひっぱって、
おじいさんを　おばあさんが　ひっぱって、
おばあさんを　まごが　ひっぱって、
「うんとこしょ、どっこいしょ」

やっぱり、かぶは　ぬけません。
おばあさんは、まごを　よんで　きました。
まごが　おばあさんを　ひっぱって、
おばあさんが　おじいさんを　ひっぱって、
おじいさんが　かぶを　ひっぱって、
うんとこしょ、どっこいしょ。
まだ　まだ、かぶは　ぬけません。

［内田訳］

要するに叙述の順序が逆になっているのである。西郷訳では、〈かぶ──→おじいさん──→おばあさん──→まご〉の順であるが、内田訳では〈まご──→おばあさん──→おじいさん──→かぶ〉の順である。西郷訳では、かぶから少しずつ遠ざかっていくイメージ上の視線運動がもたらされるが、内田訳は一八〇度逆に、いちばん遠いところからかぶに向かって一歩一歩近づいていく視線の運動が要求される。この違いは、読み手側にどのような違いをもたらすであろうか。

実は、原テキストはいずれも内田訳の順序になっている。西郷はそのことを知っていてあえて逆に書き換えたのである。なぜ逆にしたか。西郷は「訳者の言葉」で次のように述べている。

この民話は、最後に小さなねずみが登場してかぶが抜けるというところに感動の中心があります。つまり、小さな存在の大きな役割をクローズアップしたところにあります。そのねずみのイメージを引き立てるために、かぶが抜ける直前にねずみがひっぱった方がより効果的です。

次のようにも言っている。

絵を見ると分かるように、かぶを中心に見るならば西郷再話の順序の方が素直であるし、また、実際に子供たちに劇遊びさせたり動作化させたりするときには、西郷再話の順序が動きに沿っていて自然ではないかと考えています。（いずれも光村図書、平成十二年版指導書「訳者の言葉」）

一見した理屈ではたしかにそうなのだが、しかし、実際に西郷訳を読むと、どこか、不自然な感じが拭えない。保育所で読み聞かせている保育士に聞いてみると、西郷訳をなんか変だと感じていたという人がいた。筆者も、不自然というよりも、イメージの流れの悪さを感じてしまう。どうしてであろうか。そこには、文の形とイメージ化の関連の問題が横たわっているように思われる。具体的にいうと、次のような問題が西郷訳にはあるように思う。

（1）　西郷訳は

「おばあさんは、まごを　よんで　きました。
かぶを　おじいさんが、ひっぱって、
おじいさんを　おばあさんが、ひっぱって
おばあさんを　まごが　ひっぱって、…………」

となっている。最初に「まご」が登場する。読者の関心は当然「まご」に焦点化される。次に「まご」は何をするのだろうか、「まご」に何かが起こるのだろうか、等々。時間的には瞬間であろうが、さまざまな予想をしながら、次の文に目を移していく。これが通常の読み方であろう。

一般に、文を読むときは、キーワード的な語や言い回しに刺激されて、そのキーワードに関わる対象をなんとかイメージ化し、そのイメージの展開を予想して次の文に移っていく。そのことをふつう文脈をつくるといっているが、正確には、文脈をつくるために予想をしながら読み、複数の文の連関をつけて文脈をつくっていくというべきだろう。そのために、先行する文とあとに続く文のあいだでは、キーワードが近接していることが読み手にとって助けになる。

ところが、今見た西郷訳では、先行する文のキーワードは「まご」なのに、次にくる文では「かぶ」になっている。この段階で、読み手は、追っていた相手がさっと消えてしまったような戸惑いを感じるにちがいない。「まご」と「かぶ」。この二つに論理的つながりをつけなければならなくなるのである。しかも、絵を見ればわかるように、「かぶ」は列の一番先頭に位置しているが、「まご」は最後の位置にきている。おそらく絵の助けを得て、読み手は前の「かぶ」から「まご」に視点を移して、前から文脈をつくり直していこうとするだろう。それで何とか文が理解されるのだろうが、絵の助けがないときは、瞬間的な理解に戸惑いが生じることは間違いない。とくに一年生段階の子どもたちにとっては、この視点の飛躍ということは、読みとき＝文脈づくりと理解の流れの悪さの要因になることは疑えないように思う。

私や保育士が西郷訳にやや戸惑いを感じた理由の一つは、おそらくこのことであるように思う。文学的作品の理解においては、一文ごとの視点の揺れということは、読みの妨げになる最大の要因になりかねない。もちろん、文の意味の惰性化を防ぐために、わざと視点をずらすということはあってよいとは思う。いわゆる異化作用だが、この作品で、そうした異化作用が必要だとは思えないし、読者の年齢から考えて、必要もないと思う。

（2）　西郷訳では、「かぶを」ということを強調するあまり、「おじいさんが　かぶを　ひっぱって」ではなく、「かぶを　おじいさんが　ひっぱって」という倒置型の文になっている。そのあとも、形を統一するために「おじいさんを　おばあさんが　ひっぱって」「おばあさんを　まごが　ひっぱって」というようにすべて「……を……が……」の形の文になっている。

小さな子どもたちにとって、目的語（対象語）が主語よりも先にくる倒置型の文は、必ずしも読みとりやすくはない。倒置型の文は、倒置する方が意味が鮮明になることがはっきりしているときには理解されやすいが、そうした強調がどうしても必要とは限らない文脈では、文法的な視点の転換が続くために、一つ一つの文を意味化するのに時間がかかり、全体としてすんなりした意味化を妨げてしまう可能性がある。小さな子どもたちにとっては、作品の言葉から豊かに絵画的なイメージをつくることができない、ということになりかねない。

ほかにも理由が指摘できるとは思うが、私は、さしあたり以上のような理由で、西郷訳は、西郷自身がいうようには、子どもたちにとって「自然」な文にはなっていないように思う。むしろ内田訳の方がイメージ化しやすいのではないか。

内田訳の場合、最初に「まご」が出てきたあと、次の文でもその「まご」が主語になっていて、キーワードのレベルで連続している。この場合は、理解のための視点の動きに飛躍が必要でない。その意味で無理がない。また、各文とも「……が……を」という標準型になっているので、子どもたちは個々の文を意味化（イメージ化）しやすい。また、キーワードの人物（対象）が、〈まご――→おばあさん――→おじいさん――→かぶ〉という形で、一貫して前に移っていくという構造になっている。各段落（連）とも後ろからずうっと前に移っていって、最後に「かぶ」のところにくるのだが、そこで読み手は「かぶ」に関心を定位させられる。そして「さあ、つぎはぬけるかな」と期待と不安をもって次の文を待つことができる。これは心理的には、たいへん合理的なせり上がり方である。

その意味で、ここでも内田訳の方が、子どもたちの理解を助け、心理的な躍動感をもって読み進めることを可能にしているということができるように思う。

ちなみに、私の手元にあるロシア語版の絵本では「ポズダバーラ　バーブカ　フヌーチュクー／フヌーチュカ　ザ　バーブクー／バーブカ　ザ　ジェートゥクー／ジェートゥカ　ザ　リョープクー……」というように、韻を踏んだ、歌のような表現になっている。すべてのロシアでの再話がそうなっているかどうかわからないが、少なくともこの一九八四年発行の絵本版のロシア語原文の場合、しりとりのように、前の文の最後の言葉を次の文の最初の言葉にもってきて、イメージとしてつながっているという感じをうまく表現している。その順番は内田訳と同じで、後ろから順番に前のかぶに近づいていくようになっている。

その意味でも、内田訳の方が、原文のニュアンスに近い表現になっていて「自然」である。

三　接続詞による構造的仕掛けについて

西郷訳と内田訳の違いの三つ目は、各段の最後に使われる接続詞の違いである。

新しいメンバーを呼んでくる行為とみんなで抜こうとする行為、そしてそのあとにかけ声という順の構成になっている。そのかけ声はどの段落も定番の「うんとこしょ、どっこいしょ」で、これはどちらの訳もおなじである。原文には、このような定番のかけ声が書かれているわけではないので、これはいずれも訳者の創造的再話とでもいうべき部分である。その上で段落の最後はかぶが抜けないということを記述するようになっているのだが、そのことを記述する文の前にさまざまな接続詞が使われている。手元の原文ではここはみな同じ「ニェ」（英語の not）の一言ですましているので、ここも両訳者が日本語のことば遊びのように、工夫して訳したものであろう。

その接続詞は、西郷訳では前から順に「けれども」「それでも」「やっぱり」「まだまだ」「なかなか」「とうとう」となっている。内田訳では「ところが」「それでも」「まだ　まだ　まだ　まだ」「それでも」「やっと」である。単純に並べてみても、かなり違っていることが理解されるだろう。両者の接続詞の使い方の特徴とそれぞれがもたらす意味作用の違いについて検討してみよう。

一見してわかるのは、構造の違いである。両者とも逆接の接続詞を並べて使って最後だけ順接的な意味の接続詞になっているという点では同型であるが、それ以外はかなり異なっている。西郷訳は四音の接続詞にこだわっているが、接続詞間に明確な規則のようなものはみられない。それに対して内田訳は、二回でてくる「それでも」のあいだに「まだ　まだ」と「まだ　まだ　まだ」とを挟み込んだシンメトリックな構造になっている。最初の「それでも」のあと、「まだ　まだ」がまずきて、次に別の接続詞を使わずに、同じ「まだ　まだ」を二倍にして使用するという戦略をとっている。「まだ」という単語が単位になっていて、最初はその二倍、次がその四倍である。わかりやすく、読み手にはその違いが実感をもってわかる構造になっている。

前の「まだ　まだ」とあとの「まだ　まだ　まだ」は、単なる残念さの違いというよりは、「これだけがんばっているのにまだできない!」ということを強調する度合いの違いといってよいと思う。だから、そのあとの段落で「それでも　かぶはぬけません」というときの「それでも」は、「まだ　まだ　まだ」を受けた上で、あれだけがんばって、さらにもう一回やったのに、それでもまだ抜けない!　という意味になっていて、先行する語の意味を吸い取っている。この「それでも」は最初の「それでも」とはかなり強調の仕方を変えねばならない。このことが理解されやすい構造になっているのである。つまり、内田訳の接続詞の並べ方は、その構造自体によって、読み手に力の入れ方のエスカレートぶりを伝える手がかりを与えているわけである。最後の「やっと」は、それだけ力の入れ方をエスカレートさせてきた結果ようやく、という意味が前提とされているから、読む者に深い実感をもって読みとられやすい。

論理的にいえば、最初の「それでも」は、「ところが」と強調したにもかかわらず、それが否定されたことを意味しているにすぎない。それに対して、あとの「それでも」は一回目の「ところが」どころではなく、その後の「まだ　まだ」の連続という試みを積み重ねたにもかかわらず、そのうえでまた否定されたという意味になっているわけで、それゆえ、あとの「それでも」は前の「それでも」よりもかなり意味が重くなっている。当然、読み手にとっては、二つの「それでも」の読み方のニュアンスを変えなければ、意味をつかんだことにならない。あとの「それでも」は、たとえば後ろ上がりの「それ——でも」と発声しなければ、前の「それでも」との意味の違いを把握して読んでいることは伝わらない。

このようなことを、文脈の論理のみを手がかりに理解しようとすると、たいへんむずかしくなるだろう。内田訳は、文脈の論理に言葉の論理を付け加えることによって、読み手に感情の高揚を伝えやすくしているのだと考えられる。言葉の論理とは、今みてきたような、「まだ」という語の繰り返し回数によって、感情の高揚や興奮の度合いの違いを示して、その両側に「それでも」という語を配置して、その二つの違いを浮き立たせようというようなことである。内田訳は、言葉の論理をうまく付け加えることによって、低学年の子どもでも話のダイナミズムを把握しやすくしている。

それに対して西郷訳は、「けれども」「それでも」「やっぱり」「まだまだ」「なかなか」「とうとう」というように、四文字（音）の接続詞にこだわっていて、接続詞の発声リズムを統一しているというところに特徴があるが、その接続詞の関連がつくり出す言葉の論理性そのものは明確ではない。たとえば二番目の「それでも」と五番目の「なかなか」を入れ替えても、文全体に与える効果はあまり変わらない。そのため、読む側は、「けれども」「それでも」「やっぱり」あたりまでは次第に力を入れて読めばいいと思えるが、そのあと「まだまだ」「なかなか」と続くと、後ろに行くほど前とどう違えて読めばいいのか、よくわからなくなってしまう。単純にあとの方を前よりも強く読むと考えて読み続けると、息切れしてしまうような感じになる。語の持つ緊張感が同じレベルであり、それが単線に続くので、惰性化してしまう感じがするのである。そのため、文全体についても力動感、せり上がりが十分でなくなり、解釈する側もリズム感をもって作品世界に入り込むという点で課題を残す印象になる。

以上を総合して、ここでも内田訳の方が、意味化、イメージ化しやすいと判断する。

四　響き合う身体をめざして

ここまで、代表的な二つの訳を対比する形で、作品の言葉の配置のもたらす意味や個々の言葉の意味作用などを検討してきた。そこで吟味したのは、作品が教育的に価値を持つための条件であった。これについては、これ以上述べないが、この作品独自の教育的な価値については、これが人々の素朴な願いを実に端的に表現した作品であるということを述べたにとどまっている。私は、もう一つ、この作品が元来歌のようなものであったということに注目したいと思う。訳もその感じを出すために、リズム感を生かし、かけ声を工夫するなどしてさまざまな苦労をしている点で評価できる。

現代の小学生のことを考えると、この作品は、みんなで唱和したり動作化したりして、声や身体運動が共鳴する体験をすることが大事だと思う。理由はいうまでもなく、現代の子どもが大人や社会からの評価のまなざしにさらされて、身体をかたくされ、他者に柔らかく拓いていくこと、他者と身体を響き合わせることがうまくできないようになってきているからである。身体を拓く、身体ぐるみで他者と交わる、そして心と身体が一体となって共鳴するというのは、文化を媒介にしない限り可能ではない。かつては遊び文化がその媒介をしていた。今は、文化としてのこうした作品を一緒に演じることで、自己の中に他者を生かすことがかろうじて可能になるのかもしれない。そう思うと、この作品は存外に重要な意味を持っていると思えるし、文学教育の一つのモデルを提供しているのかもしれないとも感じる。

所感交感

言葉の海の広大さ

中村　三春

汐見稔幸氏の「『おおきなかぶ』の教材としての教育的価値について」は、このテクストの「教材としての教育的価値」を、主として西郷竹彦と内田莉莎子による翻訳を対照することによって追究しようとしている。(1)汐見氏はまず、冒頭の「かぶの　たねを　まきました」(西郷訳)と「かぶを　うえました」(内田訳)の違いについて、それらの間の差異を、内田自身の言葉や古田足日の意見などに照らして詳細に検証する。その結果、いずれも「一つ一つていねいに育てていくというイメージ」として理解できるとし、その方向を確証する。(2)次に、次々と蕪抜きに参加し連鎖を作る登場人物・動物群の順序については、中心の蕪を起点とし孫を終点とする西郷訳と、逆に孫を最初にして蕪を最後にする内田訳とを比べている。原テクストを敢えて書き換えた西郷訳を、当初焦点となる孫から蕪に飛躍し、また子どもには理解し難い倒置法が用いられているなど、文脈上不自然なものとして批評し、実際の保育士の感想なども交えつつ、必要のない変更と見なしている。(3)さらに、二つの訳に用いられている接続詞のあり方を比較し、西郷訳は「けれども」「それでも」などの四文字の接続詞にこだわり、言葉の論理性が複雑で明確でないのに対し、二つの「それでも」の間に「まだ　まだ」の繰り返しを置いた内田訳を、文脈と言葉の論理を協調させ、感情を分かりやすく伝えるものとして評価する。最後にこのテクストを「歌」的な作品と見なし、声や身体ぐるみで体験すべき部分に重要な意味を見出している。

拙論の方は論の冒頭に記したように、一貫して内田訳の絵本を底本として使用し、翻訳の問題についてはわずかしか触れなかった。それは文中にも述べたように私の手に負えないということもあり、また翻訳論以外のトピックに論を絞ったためでもあった。わずかに汐見氏の論点の（2）と重なる部分についてのみ、二つの訳を比較したところがある。訳文間の差異を、汐見氏は主として文体論的な観点から、子ども読者に与える印象の推定に即して検証している。「うえる」と「まく」の違いや接続詞の用法など、見過ごされがちな微細な差異を綿密に検討し、子どもの理解という基準に照らして評価してゆく汐見氏の論述は、実際の教室や読み聞かせの場における指導者や児童の存在に立脚した、懇切丁寧な読み解きであると感じられる。特に、歌や動作などの身体運動と結びつけ、「響き合う身体」へと展開する可能性を主張する結論部分については、テクストがテクストを越え出て、子どもたちの生《せい》の現場へとその魅力を拡張するダイナミズムを痛切に知らされた感がある。ことに低学年用の教材論としては、ただ単に読み、聞かせ、理解するというプロセス以外の発展が求められる。言葉のかたまりが、言葉という拘束から解き放たれて、生動する命の運動といかにして結びつきうるかという課題の呈示が、そこには認められたように思われる。

ただし、特に（2）や（3）の翻訳論・文体論に関しては、果たしてそのように断定できるものか些かの躊躇を感じざるをえない。例えば（2）の問題については、わずかに拙論でも触れた箇所であるが、私の場合は構造論に徹し、二つの訳の評価にまでは立ち入らなかった。汐見氏はご自身並びに「保育所で読み聞かせている保育士」の方の印象から、西郷訳への違和感を指摘している。それはそれじたい、尊重すべき文体感覚であるのは勿論であるが、やはりその基準となっているのは、いわば常識的な言語規範と呼ぶべきものではないだろうか。確かに言語習得段階の子どもに対して、余りにも特異な表現から伝授しようとするのは得策ではあるまい。しかし、西郷訳の文体は、言語習得に何らかの障害をもたらしたり、あるいはこのテクストの理解を甚だしく困難とするような程度のものではない。常識的な日常会話や文芸において、文脈の飛躍や倒置法などの語り口は頻繁に現れている。飛躍や倒置法などをメインに習得する必要はさらさらない。だが、そのような文章にも触れることは、決して無用の体験ではないだろう。同じことは接続詞の用法にも言える。接続詞の用法などは、専らテクストの文体・様式の領域に属し、その差異が様々な文章の、内容ではなく個性や特異性の源泉となる。文法や語彙に関して、甚だしくイレギュラーな文体でない限り、多様な様式に接することは、子どもの言語能力の解発という観点から、むしろ有益なことと思われる。

　また汐見氏は、「いわゆる異化作用だが、この作品で、そうした異化作用が必要だとは思えないし、読者の年齢から考えて、必要もないと思う」と述べている。ヴィクトル・シクロフスキイが『散文の理論』で異化・非日常化の概念について論じた際、最初に念頭に置かれていたのはトルストイのリアリズムの表現であった。そして、『おおきなかぶ』はリアリズムのテクストですらない。そこには異常なほど大きな蕪があり、おじいさんのまじないがあり、人と動物の連係がある。これは農耕や、人と自然、人と動物との関わりなど、人間にとって日常的ながら極めて重要な営為が、非日常的な姿として物語化されたテクストである。しかも、シクロフスキイが異化の重要な手法として論じた反復の要素が、蕪抜きのメンバーの追加と連鎖、そして同一表現の繰り返しの形で顕著に現れている。このテクストにもまた、異化のメカニズムは縦横に働いているのである。私が拙論において主張しようとしたのは、『おおきなかぶ』のような一見素朴な民話であっても、そこには言葉によって無と有とを分け隔てる根元的な虚構が介在しており、この根元的虚構が決して汲み尽くしえない多様な表意作用を可能とするという事実であった。子どもにとって、このように言葉の海が持つ計り知れない広大さとの出会いこそ、今、最も求められるべき体験ではないだろうか。

所感交感

物語の構造分析の可能性とその先

汐見　稔幸

私は『おおきなかぶ』という作品を低学年の国語教育の教材として考えたときの、教育的な価値について論じた。それに対して中村氏は、これを民話作品一般として取り上げて論じておられ、それだけでも私などの議論よりはるかに裾野の広いものとなっていて、得るところが多かった。私にとって、作品を教材論として吟味するときも、作品論一般をふまえることが大事であることの示唆をあらためて得た想いである。

スペースの都合で、得られた示唆のうち、この作品に若者や父、母がいっさい登場しないことをどう考えるべきか、ということと構造分析の問題だけを取り上げ、少し補っておきたい。

もともと昔話や民話には、老人と子どもはしばしば登場するが、それ以外の家の中心人物、たとえば父や母、あるいは屈強の若者が登場するものは少ない。『桃太郎』や『かぐや姫』などもおじいさん、おばあさんに育てられるが、その過程に若い父、母は登場しない。このことは民話学等でどう論じられているのか不勉強で知らないが、私は素朴にこうした話の大部分が、囲炉裏端でおじいさん、おばあさんが孫に創造的に語って聞かせて、やがて洗練されてできあがったものであったことが理由の一つではないかと思ってきた。

老人と子どもというのは、マージナルな存在という点で通じ合っているし、生命力の点でも似たものがある。飢饉が来ると最初に犠牲になるのは子どもであり老人である。両者は、「気」の世界が通じやすいのだろう。今日でも、保育所や幼稚園で子どもと老人が遊んだり世話をし合ったりという取り組みが功を奏している。老人と子どもというのは人生の螺旋計の終わりと始めでいわば相接している世代なのである。その両者の、一方が語り手となり他方がオーディエンスとなって、いっしょに、同じく一日のマージナルな時間帯に、薄暗い空間で、訥々と虚構の世界つまり「カタリ」の世界を創造する。

片方が人生をほぼ終わろうとしている存在で、他方が人生をこれからつくろうという存在。この双方が「気」(気分)と時空間を共有しながら創造する意味世界とはどのようなものか。そこにマージナルな存在が物語の中心に登場し、権力的な存在が排除される何らかの根拠があると私などは考えてきたのだが、中村氏は、それをあくまでも作品の言葉にこだわって論証されようとしている。

中村氏は「祖父母から、父母を飛び越して孫へと連携すること」は「この物語が、社会や生産などの象徴的中心から外れた、周縁の領域を舞台とすることを明確に語っている」と構造主義的に解釈し、この物語を「制度的中心から逸脱したメンバーが、さらに強大なものから弱小なものへと優位を譲り渡す物語として」表象することを提案される。そうすると、この物語は「周縁世界による中心的権力の簒奪の物語」と定義されることになり、「老人・子ども・動物などのように秩序からはみ出す存在者が、協力しあって一大事業を成し遂げ、それによって世界内に占める意義を高める」物語と言いかえられるとされる。そして、もしそうした解釈が可能であるなら、これは「人間による自然支配の実現」を寓意しているとも読めるとも言われる。

なるほど、と思う。私は個人的には、繰り返すが、非権力的であるが故に周縁的な存在である老人がどこかで人生を回顧しながら、子どもに自慢話をするように、とてつもなく大きなかぶを育てるという願望を面白おかしくうたい、それをリズム感あふれるかけ声でいっしょにわいわいすることの楽しさを語る中で、それらを人生の内実として子どもに伝えようとしたのではないかと考えていた。そこにまっとうな成人が登場しないのは、非現実な「カタリ」の世界に生産をめぐるごく現実的な論理を持ち込むことで、ストーリーが異空間に連れ出されるからではないかと思っている。それに対して中村氏は、先の解釈を示す一方でこの作品の言葉が織りなす構造から考えて、この作品が別様にも解釈されうる「両義的なアレゴリー」性をもっていること、さらに「リズミカルな反復の語り口によって面白おかしく書いただけのファルス=意味なし（ノンセンス）のストーリー」とさえ読みうると、解釈の多義性を強調された。この点は大変参考になった。

私は、この作品の主題をどう考えるのかということについては、あまり書かなかった。それは、この作品が解釈の幅をさほど大きく持っていないのではないかと考えたからであり、また、よく言われる「団結の大事さ」的な主題把握が必ずしもポイントをついていないことをどう論証すればいいのか、よくわからなかったからであった。それに対して中村氏は、物語の構造とその特徴を明るみに出すことによって、この作品に「人間による自然支配の実現」の寓話からノンセンスストーリーまで解釈の幅の多様性がありうることを明らかにされたのである。それは構造をどのような社会的文脈に載せて解釈するかということが、読み手の内的コードに委ねられているとするカルチュラル・スタディーズのオーディエンス理論の援用とも考えられる。

解釈の多様性を主張することは、今日の文化実践の最大課題と思っている私には、この点は示唆的であった。それを可能にするのが、物語の構造分析の的確さとそれを自由に多様な文脈に乗せて意味化することであるらしい。このことを学び得たことは、私には大いなる収穫であった。その上で、読みの場における問題は、おそらく、ある解釈を主張するとき、その主張の根拠となった構造分析の特質と社会的文脈（地平）の特定化を解釈者がいかに自覚できるかということであろう。読みのアナーキズムからの解放のヒントはそのあたりにあるらしい。

HISTORY & DATA ●おおきな　かぶ

作品DATA

［出典］（1）ロシア民話　内田莉沙子再話　佐藤忠良画『おおきなかぶ』〈《こどものとも》傑作集〉（七二　福音館書店）：教育出版・東京書籍・学校図書・日本書籍　（2）西郷竹彦訳：光村図書

［初出］　原話とみなされるものは、アファナーシェフ（一八二六―一八七一）の採集した民話の中の『かぶ（レープカ）』。現在知られるかたちの再話は、アレクセイ＝トルストイ（一八八三―一九四五）による。（1）の初出は、内田莉沙子再話佐藤忠良画『おおきなかぶ』〈《こどものとも》傑作集74号〉（六二・五　福音館書店。その新版が七二）（2）西郷訳の初出は、『文学読本　はぐるま』（六八　部落問題研究所）。

［異稿］　内田再話・西郷訳の前にも、さまざまな再話・翻案があった。福井研介『大きなかぶら』、浜田広介『大きなタケノコ』など。

［教科書への掲載］　福井研介『大きなかぶら』：学校図書＝昭和29→49／内田莉沙子再話『おおきなかぶ』：教育出版・東京書籍＝昭和43→平成12／学校図書＝昭和52→平成12／西郷竹彦訳『おおきな　かぶ』：光村図書＝昭和52→平成12

作家DATA

［再話者・訳者］　内田莉沙子（一九二八―一九九七）東京に生まれる。本姓、吉上。早稲田大学露文科卒業後、ポーランドに留学。ソビエトや東欧諸国の児童文学の翻訳・紹介に努めた。ビアンキ『森の仲間』（五七　理論社）の翻訳をはじめ、マルシャーク、レフ＝トルストイ、プーシキンなどの翻訳多数。『おおきなかぶ』のほか、ウクライナ民話『てぶくろ』（六五　福音館書店）、マルシャーク『しずかなおはなし』（六五　同）などの翻訳・再話が広く知られている。

西郷竹彦（一九二〇―　）鹿児島県に生まれる。東京大学卒業。文芸学者。主な著書に、『ロシヤ昔話』（宝文館）、『文学教育入門』（六五　明治図書）、『西郷竹彦文芸教育著作集』（六五―八一　明治図書）などがある。

［画家］　佐藤忠良（一九二四―　）宮城県に生まれる。東京美術学校彫刻科卒業。五四年、第一回現代日本美術展賞受賞。六〇年、「日本人の顔」の連作で高村光太郎賞受賞。絵本に『ゆきおりひめ』などがある。

■［教科書への掲載］の年は、その年度使用開始の版であることを示す。

お手がみ　アーノルド＝ローベル

跡上　史郎／足立　悦男

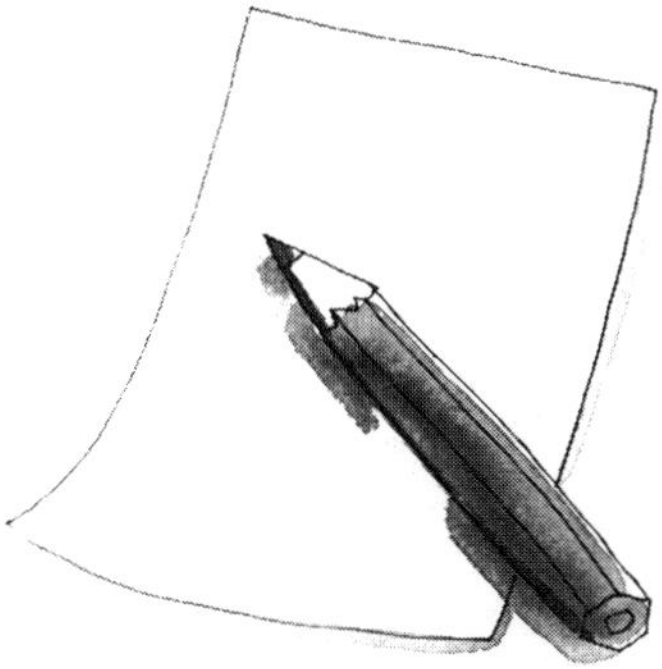

「ない」ことにまつわる「ふしあわせ」と「しあわせ」

――アーノルド・ローベル『お手がみ』について――

跡上　史郎

一　「ない」ことをめぐる物語

『お手がみ』は、「ない」ということをめぐる物語である。それはなぜか。

まず第一に、物語冒頭で、がまくんは、お手がみをもらったことが「ない」ということ、いくら待ってもお手がみが来「ない」ことを悲しんでいる。この「ない」ことをめぐって物語が展開するのである。

次に後半の問題である。かえるくんの行動のおかげで、がまくん、かえるくんともに「しあわせな　気もち」になることができる。しかし、このとき、がまくんはお手がみを手にしていただろうか。そうではない。この時点では、かえるくんは、がまくんにどのようなお手がみを書いたのかを話しただけなのだ。すなわち、やはり、お手がみはそこには「ない」。

このように『お手がみ』における「ない」という状態は、大きく異なる、正反対の二つの局面に分けて考えることができる。つまり、お手がみが来「ない」ので「かなしい」「ふしあわせ」という状態、逆にお手がみはそこに「ない」、あるいはまだ来てい「ない」にもかかわらず「しあわせ」という状態である。

このように、物語の重要な局面で、「ない」という状態を確認することができるので、『お手がみ』は、「ない」ことをめぐる物語であると言うことができる。

もちろん、「ない」ことをめぐる表現は、『お手がみ』の専売特許ではないが、「ない」状態を「かなしい」「ふしあわせ」から「しあわせ」に転換してしまったことをもって、『お手がみ』という作品の特徴として考えることができるのではないだろうか。

二　がまくんにとってのお手がみ

物語冒頭、がまくんは、「げんかんの　まえに　すわって」おり、かえるくんにはそれが「かなしそう」な様子に見える。果たしてがまくんは「かなしい」わけで、その理由は、いまが「お手がみを　まつ　じかん」であり、がまくんは「一ども」お手がみをもらったことがないからなのである。

それにしても、「一ども」もらったことがないのに、「一日の　うちの」「お手がみを　まつ　じかん」を設けているというのもおかしなはなしだ。そもそも、お手がみをもらったことのないがまくんは、ほかのひとにお手がみを出したことがあるのだろうか。[1]「毎日」「からっぽ」の「ゆうびんうけ」を眺めてお手がみを待つ執念があるのであれば、それをお手がみのやりとりをするためのアクションを起こす努力にまわしてもよさそうなものである。

しかし、やはりお手がみを「一ども」もらったことがないがまくんは、そのようなことに思い至るに十分な情報さえ持っていないのかもしれない。お手がみをもらうにはどのようにしたらよいのかということを想像するきっかけもないのである。だから、毎日からっぽのゆうびんうけを眺めて暮らすというようなピントのずれた努力の仕方をしてしまうのだ。このようなずれが、お手がみを欲するがまくんの願いの強さと、それが満たされないかなしみを、ユーモアまじりに表現していると言えるであろう。

それにしても、がまくんはなぜそんなにお手がみが欲しいのだろう。一どももらったことがないとしても、そもそも世のなかにお手がみというものがあるということを知らなければ、それを欲しがるということもないはずだ。がまくんやかえるくんが住んでいる世界では、お手がみとはどのようなものなのだろうか。

実際には、私たちの知る現実世界では、かえるが「どう　したんだい」としゃべったりすることはないし、人間の住むような家を建ててベッドに寝ているということもない。あるいは、これは寓意であって、かえるの生活を人間生活の比喩で語っているのかもしれないし、逆に、本当は人間生活のことをかえるの姿を借りて語っているのかもしれない。しかし、そんなに杓子定規にならずとも、それは私たちの住む現実の世界とは別のおはなしの世界なのだと考えればよさそうである。

別の世界だから、かれらの活動は、直接にわたしたちのそれと対応しているわけではないだろうが、類推で理解すればよさそうだ。あるときはかれらは、現実のかえるのように冬眠をし、私たち人間のように水着を着て泳いだりする。「ゆうびんうけ」を構えているのだから、郵便制度のようなものも持っているのかもしれない。

がまくんは、毎日ゆうびんうけを眺めているわけだから、誰かが書いたお手がみが、また別の誰かによって運ばれてきて、それがゆうびんうけに入れられるのを待っているのではないだろうか。

たぶん、お手がみを書いてくれたひとから直接手渡しされてもよいのだろうが、それはがまくんの希望そのままではないだろうし、もしかえるくんが手紙ではなく口頭で「しんゆう」だと言ったとしたら、うれしいには違いないだろうが、それはお手がみをもらう喜びとは異なるであろう。もし、がまくんが寂しがり屋で、誰かが気にかけてくれるのを期待しているということであれば、口頭でもいいはずなのだが、あくまでもがまくんはお手がみが欲しいのだ。

この点について、さらに、がまくんを喜ばせたかえるくんのお手がみの側面から考えてみよう。

三　宝物としてのお手がみ

宮川健郎は、かえるくんのお手がみは、「非常に形式的な、『ただ手紙であることだけあらわしている手紙』」だと言う。「がまくんが〈いいお手紙だ。〉というのは、手紙の文面に感心したというよりは、かえるくんが手紙をくれたという、そのことに感動したと考えるべきだろう(2)」。そうではない、かえるくんのお手がみにはとても心がこもっていて素晴らしいではないかと言いたくなりそうだが、宮川はそういうことを言っているのではない。

ここで宮川が依拠しているのは、「人類学者たちが好んでとりあげてきた『クラ交換』の儀礼」についての考え方である。ニューギニア島の沖合いで、島から島へ、貝殻などの宝物が順送りに送られていく。なぜ交換が行われるのかというと、当人たちの言い分では、貝殻が大事な宝物だからだということなのだが、はたからみるとそれはガラクタ同然である。

ここで観察者に発想の転換が起こる。価値があるものだから交換されるのではなく、交換されるから価値があるのだと。これはコミュニケーションの原初形態であり、この交換を通じて隣りあった部族の人びとの間に友愛が確認されていくという。

宮川は、かえるくんががまくんに送ったお手がみは、この宝物といっしょだというのである。「私は［……］、『お手紙』を手紙のやりとりという交換、コミュニケーションの物語として読むべきだと考える」。だから、「しんあいなる　がまがえるくん。ぼくは、きみが　ぼくの　しんゆうで　ある　ことを　うれしく　おもって　います。きみの　しんゆう、かえる」という簡潔なお手がみに、ことさらに深い意味を見いだし、その内容を素晴らしいものとして読み込んでいくようなやりかたは、ちょっと間違っていることになる。それでは、がまくんとかえるくんが、ガラクタの宝物ではなく、本当に価値のある金品の授受をしているのと同じことになってしまうので、宮川は「お手がみ」の良さを「ぶちこわし」にしてしまうと言う。とても説得力のある、重要な指摘である。

四　がまくんの希望

がまくんがなぜお手がみを欲しがっているのかという問題に戻ろう。

先に見たように、がまくんはゆうびんうけにお手がみが運ばれてくるのを待っている。かえるくんが口頭で「しんゆう」だと言ったりするわけでも、お手がみを手渡しするわけでもないという事情も勘案してみると、ここで必要とされているのは、どうやら、私たちの世界における郵便制度、あるいはそれに近いような慣習に基づくお手がみらしいということが見えてくる。つまり発信者がいて、それが郵便配達人によって媒介され受信者に届くという確立された手続きに則った形でのお手がみである。

さらに、お手がみはその内容もさることながら、それをやりとりすること自体に意味があるのだという発想を加味して考えてみよう。まず、がまくんが抱えているのは、お手がみのやりとりをするという、社会的に他の人びとが共有している制度に参画したいという希望ではないだろうか。そして、がまくんのかなしみは、そのような制度から自分が除外されているというところに起因しているということになるのではないだろうか。お手がみがもらえないことで、言葉遣いまでなげやりになってしまう、ちょっと甘えん坊のがまくんだが、その裏側にはちゃんと社会的コミュニケーションへの志向が隠されていたのだ。

お手がみの性質はわかったが、実は問題はこれからである。例えば、宝物としてのお手がみを論じた宮川は、「かえるくんが、彼の手紙の文章を暗唱してみせたから、がまくんも、かえるくんが、ほんとうに手紙を書いたのだと思うことができた」と付け加えていた。そして、問題は、むしろこちらの方にあるのではないだろうか。すなわち、この時点では、がまくんは、お手がみを受け取っていないのだ。かえるくんは、がまくんに「しんゆう」だと言ったのではなく、「しんゆうだとお手がみに書いた」と言ったのである。お手がみは、がまくんの手もとには「ない」。宝物をやりとりすることによる儀礼的交換は成立していないのである。

五　否定の説

そろそろ、問題をお手がみそのものから、お手がみが「ない」ということに移さなければならないであろう。この問題を解かなければ、『お手がみ』を論じたことにはならない。

そもそも、あるものが「ない」ということ、あるいは「ない」ということを意識するということは、どういうことなのだろうか。先に見たように、物語の冒頭、がまくんは誰からも手紙がもらえ「ない」ことによって「かなしそう」だ。それを聞いたかえるくんまで「かなしい　気分」になってしまう。お手がみが来「ない」ということは、かなり深刻で切実である。私は、このような深刻さ、切実さを演出しているのが、すなわち「ない」ということ、すなわち否定表現であると考える。

佐藤信夫は、レトリック論の立場から、「否定形の言葉によって何が表現されるのか、という問題(3)」を考察している。佐藤の挙げる例にそって、確認してみよう。

四時にキャフェでピエールと待ち合わせをしたサルトルは、十五分遅れてしまう。ところがピエールはたいへん時間に正確な人物である。相手が遅れたので、気を悪くしてしまったのか、もうサルトルは来ないと思ってしまったのか、サルトルは店内を見回し、客を確認してこう言う。「ピエールはいない。」

この例について佐藤は、「私たちにとっては『ピエールがいない……』という言語表現が問題だ。もう、レトリカルな肝心の点は明瞭である」と言う。「ピエールがいない……という否定表現は、ピエールの存在を消し去るどころか、いないピエールの姿をありありとえがき出すのである。」

ちょっとはなしがうますぎて、この説明自体が、悪い意味でのレトリックのようだが、そうではない。

本当にピエールが否定され消去されてしまうとしたら、それは、ピエールについてまったく言葉にされず、意識さえされないときであろう。実際、サルトル以外の客にとっては、ピエールがいるとかいないとかいうことはどうでもいいはずで、そのような彼らにとってはピエールはまさにそこにいないのである。ピエールがいないということに動揺し、それを口にするサルトルの意識にこそ、ピエールの存在は大きく浮かび上がってくるのだ。「ピエールはその否定によって、満たされぬ期待のように、裏切られたまなざしの先の欠如として、虚の姿をあらわすだろう。否定表現はレーザー光線のように、虚の像をえがき出す。」

六 「ない」お手がみ

がまくんにとってのお手がみこそ、このいないピエールなのではないだろうか。ピエールがいてくれることを期待し、彼を探すサルトルのように、がまくんは自分にお手がみが来ることを期待し、毎日それを待っている。しかしながら、お手がみは来「ない」のだ。「ない」お手がみは、がまくんにとっては「ない」どころか、「ない」ことでもってますます大きな意味を持つようになる。

がまくんが「お手がみ　もらった　こと　ない」ということを知ったかえるくんの「一どもかい」には、複雑な思いが入り交じっていることであろう。がまくんだってお手がみをもらったことくらいあるはずだと思っていたのにというある種の驚きとか、事態に対しておかしいと思う気持ちとか。そして、それはそのまま読者の反応でもあるはずだ。

これは、次のように考えることができる。かえるくんの言葉は非常に短いものである。がまくんが「とても　ふしあわせな　気もち」であるのに対しては、「そりゃ、どういう　わけ」、そして、お手がみをもらったことがないということに対しては「一どもかい」というように。確かに、このような思いもよらぬ現実を告げられたとき人は（いや、人のような心を持つかえるは）、多くを語ることはできないであろう。しかし、表現上の問題として考えたときには、かえるくんが多くを語らず、その内面が不明であるゆえに、読者がそれを補うということになる。だから、かえるくんと読者の気持ちが一緒になる、というより、むしろ、読者が自分の心の中の反応をかえるくんに投影すると考えた方が適切かもしれない。

この時点でわかるのは、次のようなことである。まず、がまくんは自分にお手がみが来るかもしれないということを期待して待っている。つまり、自分はお手がみがもらえるはずと思っているということである。希望がなければ失望もないわけだから、がまくんが「かなしい」のは、お手がみがもらえるはずだと思っているのにもかかわらず、それが満たされないからである。まさに、このかなしみを強めているのが、もらえるかもしれないお手がみの「虚像」だ。あるいは、お手がみを手にしている自分の姿、その「虚像」かもしれない。

そして、かえるくん（＝読者）も、がまくんは当然いままでにお手がみをもらったことがあってよかったはずだと思っている。ここでも、やはりがまくんが手にしていたかもしれないお手がみの「虚像」、お手がみを手にしているがまくんの「虚像」が、かなしみを強めている。

先に確認したように、お手がみは、社会性に密接に関わっている。がまくんもかえるくんも読者も、社会の中に受け入れられ、皆と同じようにコミュニケーションのネットワークの中にいるがまくんの「虚像」を傍らにおいて、社会がいつの間にか「仲間はずれ」を作り出してしまっていることをかなしく思うのである。

かえるくんが、かたつむりくんにお手がみを託した後も、「ぼくに　手がみを　くれる　人なんて、いるとは　おもえないよ」というがまくんだが、本当にあきらめてしまっているわけではない。本当に誰もくれないと思っているのなら、そもそもこんなにふてくされるわけはなく、来なくて当然と澄ましていなければならないはずである。がまくんは、ベッドでふて寝しながらも、満たされることのない希望を抱き続けているのだ。その思いは、弱まるどころか、とても強烈なままなのである。

七　「ふしあわせ」から「しあわせ」へ

かえるくんは、単に「かなしい　気分で」いるだけではなく、行動を起こす。つまり、お手がみをもらったことがないというがまくんのはなしを聞いたかえるくんは、「大いそぎで、いえへ　かえ」って、がまくんにお手がみを書くのだ。

もっとも、それはがまくんへのセリフとしては「しなくちゃ　いけない　こと」だし、語り手も、かえるくんがお手がみを書いたとは言わない。「かえるくんは、大いそぎで、いえへ　かえりました。えんぴつとかみを　見つけました。かみに　なにか　かきました。かみを　ふうとうに　入れました」は、〝K〟音を基調に、たたみかけるような勢いのある表現だ。[4] なにをしているのか内実を明らかにせず、人物の外面に焦点を当てる手法を用いている。

　かえるくんのしたことは、十分に説明されず、表現の勢いのまま読み進むしかないのだが、「ふうとう」が出てくることからも、お手がみを書いたのだということはわかる。わからないのは、お手がみの内容であって、この謎が読者を引き付け、おはなしの推進力として働くと言えるであろう。

　かえるくんは、かたつむりくんにお手がみを託して、「がまくんの　いえへ　もど」るが、原文では“ran back”[5] だから、急いで走って戻ったのである。もちろん、かたつむりくんより速やかにがまくんの家へ着くためだが、もし用件を伝える手紙ならば、自分で持っていっても、あるいは、そのまま自宅にいてもよかったはずである。かえるくんは、第三者によってお手がみががまくんのゆうびんうけに入れられ、それをがまくんが手に入れるという、社会の仕組みとしてのお手がみをがまくんへの贈り物としたのだということが、ここでもわかる。

　もっとも、かたつむりくんはとても動作が緩慢なので、走る必要はなかったわけだし、それどころかなかなかやって来ない。とうとうかえるくんは、がまくんにお手がみを書いたこと、お手がみの内容を白状する。先のお手がみの内容が伏せられるという仕掛けがここで完成し、読者は満足するわけだが、一方、大問題でもある。

　先に確認したように、かえるくんは、がまくんに「しんゆう」だと言ったのではなく、「しんゆうだとお手がみに書いた」と言ったのである。そしてお手がみは、がまくんの手もとには「ない」のだ。宝物をやりとりすることによる儀礼的交換、社会的コミュニケーションは成立していない。にもかかわらず、がまくんもかえるくんも「しあわせ」になってしまった。これはいったいどうしたことであろう。「ない」ということがもたらす「ふしあわせ」な状況から、「ない」にもかかわらず「しあわせ」という状況に移行してしまっている。

最終的に、がまくんはお手がみをもらえたわけだが、『お手がみ』を読んでいくと、もらってい「ない」状態には二種類あるのだということがわかる。すなわち、「もらえない、これからももらえないかもしれない→かなしい、ふしあわせ」という状態、もう一つは、「きっともらえる→しあわせ」という状態である。つまり「ない」という状態は、必ずしも悪いことばかりではないのだ。この場合は、お手がみを手にすることが確実らしいということで「しあわせ」になったわけだが、それは、もうお手がみを手にしてしまっているということとは、厳密に区別されなければならない。

八　「四日間もしあわせにまつ楽しみ」

かえるくんが、がまくんにお手がみを出してから、それが届くまでに四日間もかかってしまう。それは、かえるくんがお手がみの配達を頼んだかたつむりくんが、非常に足が遅かったためだ。それでは、かえるくんがお手がみを託すべき相手はかたつむりくんではない、もっと足の速いひとの方がよかったのだろうか。もちろん、足の遅いかたつむりくんがよかったのだ。

まず、かえるくんが、がまくんの家に戻ってから、はやくかたつむりくんがお手がみを持ってきてくれないかと窓から外を眺めるが、「かたつむりくんは、まだ　やって　きません」が三回繰り返されることになる。これが、面白い表現として注目すべき「反復[6]」なのだが、「ただ反復されるのではなく「……」、変化を伴って発展する反復」である。

すなわち、これは、がまくん、かえるくんの会話とともにクライマックス（漸層法）を形作っているのであり、引き絞られた弓が解き放たれるように、頂点でかえるくんがお手がみを出したことが明かされ「しあわせ」がおとずれるのである。かたつむりくんでなければ、このようなはらはらどきどきと解放は味わえない。つまり、かたつむりくんではないひとの手によって「すぐに届いたんじゃおもしろ」くない。「すぐに届いたんじゃおもしろ」くないし、「それに、四日間もしあわせにまつ楽しみが」[7]なくなってしまう。かえるくんがお手がみを出したことを言った時点で、「ない」状態は「ふしあわせ」から「しあわせ」に転換したのであるが、もっと言うならば、がまくん、かえるくんは、この時点でお手がみを手にしてしまうよりも、「もっとしあわせ」だったのである。あるいは、お手がみを手にするのとは「別種のしあわせ」を味わっているのである。

ここでも、大事な役割を果たしているのは、お手がみや、お手がみを手にしているがまくんの「虚像」である。さっきまでは、あんなにもかなしみを強めていた「虚像」が、今度は、よろこび、しあわせを強調し、その持続までを助けているのだ。なんという大転換であろうか。「ない」ということに関するほんの小さな質の変化が、この転換をもたらしたのである。

前半では、お手がみを期待しながらも、もらえないということが「ふしあわせ」をもたらしていた。ここでは、二人はお手がみが届くことの予覚を四日間も楽しむことができて「しあわせ」だったのである。この事例は、「ない」ことをめぐって想像することは楽しいのだということを教えている。このおはなしの本当のテーマは「ない」ことをめぐる「想像力」なのだと言うことができる。

前半の「ふしあわせ」と後半の「しあわせ」は、確かに対比的な構造になっているが、その転換がなされるときにも、肝心のお手がみは「ない」ということ、これこそ、まさに『お手がみ』の枢要な機構なのである。

九　読者における「ない」ことの「想像力」

ちなみに、四日間もがまくんとかえるくんの「しあわせ」が続いたであろうということは、実は作品には書かれていないことだ。また、がまくんは最後にお手がみを受け取って「とても　よろこ」んだけれども、それを読むところは書かれてい「ない」のだ。にもかかわらず、私たちは、文脈などから正しくがまくんとかえるくんの「しあわせ」を解釈する。

実は「ない」ことをめぐる「想像力」は、読者に対しても仕掛けられている。その書かれてい「ない」という表現を通して、私たちは、がまくん、かえるくんの「しあわせ」を読むのだ。お手がみの運び手としては、かたつむりくんがよかったのと同じように、「しあわせ」な四日間は書かれていない方がよい。お手がみが届いたときのがまくん、かえるくんの様子は、「手がみを　もらって、がまくんは　とても　よろこびました」で十分なのである。

また、「ない」ことをめぐって強調されていたのは、すなわちお手がみそのものであった。私たちが、「ない」ことによる表現を受けて、お手がみをとても大事で切実なものと感じ、がまくんのかなしみを我がことのように思ったり、大事な人にお手がみを書こうと思い立つとしたら、それが文学の、教材の「力」ということになるのかもしれない。なんと『お手がみ』は、「ない」ことを「力」にしてしまったのであった。

ところで、せっかく「ゆうびんうけ」があるのに、かたつむりくんは、かえるくんからのお手がみを、がまくんに直接手渡ししたようだ。がまくん、かえるくんとも、かたつむりくんの到着を逃すまいと、ずっと家の前で待ち続けていたのか、郵便制度に関する感覚が、やはり私たちの世界とがまくんたちの世界では、どこかちょっぴり異なるかするらしい。

【注】

（1）がまくんは、「児童が言う、『自分からあげなければ、お手紙をもらうことなんてできないよ。』ということなど思いつきそうもない受身一方の人物である」。（渋谷孝・市毛勝雄編『授業のための全発問・4　小学校2年●文学教材―スイミー／お手紙』一九九一・三　明治図書）

（2）宮川健郎「かえるくんの手紙は、『素晴らしい』か―アーノルド・ローベル『お手紙』を読む―」（『日本文学』一九九五・一　日本文学協会）
なお、甲斐睦郎「『お手紙』の表現―キーワードに着目して―」（『実践国語研究別冊　№110『お手紙』『おちば』の教材研究と全授業記録』一九九一・一〇　明治図書）は、「最も大切なことは、がまくんにとって、単にお手紙がくればそれでいいというわけでなく、お手紙の中身なのである」とするが、「しんゆう」が「しんゆう」であることをわざわざ表明するかえるくんの手紙は、儀礼の意味合いが強いように思われる。宮川説の方がすっきりする。

（3）佐藤信夫『レトリック感覚』（講談社学術文庫　一九九二・六）

（4）井下幸子「THE LETTER Arnold Lobel『おてがみ』三木卓訳―英文と日本文の表現の特徴―」（『実践国語研究別冊　№110『お手紙』『おちば』の教材研究と全授業記録』一九九一・一〇　明治図書）

（5）Arnold Lobel, Frog and Toad Are Friends（HarperCollins Publishers, Copyright © 1970 by Arnold Lobel となっている他は出版年等不詳）を参照した。なお、内容は注（4）で井下が「Harper & Row, Publishers（1970）, I Can Read Books シリーズの中の原文」として紹介するものと同一で

ある。

（6）西郷竹彦監修／文芸研編『文芸研教材研究ハンドブック2　アーノルド・ローベル／三木卓訳＝お手紙』（一九八五・九　明治図書）

（7）西郷竹彦監修・岡山文学教育の会著『文芸教材の系統指導』（一九八〇・八　明治図書）。該当箇所は、「それに、四日間もしあわせにまつ楽しみがのうなるよ（『ほんとほんと』とみんなうなずく）」となっている。他にも、「かたつむりくんだったから四日間も幸せな気持ちで待つことができたと思います」（全国国語教育実践研究会編『物語重要教材の授業　小学校2年』一九九三・四　明治図書）等々、皆、異論のないところであろう。

「空白」を読む――『お手がみ』の五つの謎

足立　悦男

一　「学習の手引き」のどこが問題か

文学教材の「読み」の学習を、多くの教室では、国語教科書に付いている「学習の手引き」によって学習している。その「学習の手引き」に問題はなかっただろうか。現在、『お手がみ』（アーノルド・ローベル作・三木卓訳）を採用している平成十二年度版教科書（教育出版一年・下、日本書籍2年・上、光村図書二年・下）には、次のような「読み」の手引きが付いている。

〔教育出版〕
二人の　気もちに　なって
○　つぎの　ときの　気もちを　かんがえながら　よみましょう。
(1)「だれも、ぼくに　お手がみなんか　くれた　ことが　ないんだ。」と　いった　ときの　がまくんの　気もち。
(2)「ぼく、もう　いえへ　かえらなくっちゃ、がまくん。」と　いった　ときの　気もち。
○　手がみを　もらった　とき、がまくんは、かえるくんに　なんと　いったでしょう。がまくんに　なった　つもりで、ことばを　かいて　みましょう。
〔日本書籍〕
○　がまくんと　かえるくんの　気もちを　考えながら　よみましょう。
1　つぎの　とき、どんな　気もちだったか、はなし合いましょう。
・「だれも、ぼくに　お手紙なんか　くれた　ことが　ないんだ。」と　言った　ときの　がまくん。
・まどから　外を　のぞいて　いる　ときの　かえるくん。
・「とても　いい　手紙だ。」と　言った　ときの　がまくん。
2　かえるくんと　がまくんの　なかが　いいのは、どういう　ところから　わかりますか。
〔光村図書〕
気もちを考えて読もう
▽「お手紙」には、かえるくん、がまくん、かたつむりくんの　三人の「人物」が　出てきます。三人は、とてもなかよしです。三人の気もちを考えながら、声に出して読みましょう。

▽ かえるくんが言ったことや　したことで、おもしろいなと思ったところは　どこですか。どうしておもしろかったのか、わけを話しましょう。

▽ 6・7ページと14・15ページに、かえるくんとがまくんが、げんかんの前に　ならんですわっている　絵があります。ふたりは、どんなことを考えたり、話したりしているのでしょうか。絵の中のようすや、ふたりの気もちが　書いてあるところをくらべて、話し合いましょう。

▽ かえるくんからのお手紙をもらった　がまくんは、どんな気もちだったでしょう。がまくんになったつもりで、かえるくんに　お手紙のへんじを書きましょう。そして、みんなにはっぴょうしましょう。

「読み」の「学習の手引き」の問題点として、従来から指摘されていることは、「気もち」の「読みとり」に終始してきた、という点であった。三社の手引きにも、その傾向がよく現れている。どの手引きでも、人物の気持ちの「読みとり」が中心である。「気もちを　かんがえながら　よみましょう。」「どんな　気もちだったか、はなし合いましょう。」「気もちを考えながら、声に出して読みましょう。」「かえるくんに　お手紙のへんじを書きましょう。」となっている。読む、話し合う、声に出して読む、手紙を書く、という活動の違いはあっても、人物の「気持ちの読みとり」の活動であることは変わらない。

また、このような「学習の手引き」は、『お手がみ』でなくても通用する。『おおきなかぶ』『くじらぐも』(一年生)でも『かさこじぞう』『スイミー』(二年生)でも、作品と人物を代えるだけで通用する。その汎用性のメリットによって、「気持ち発問」として定着していったものと思われる。その反面で、教材に固有の「問い」を発展させることがなかった。

『お手がみ』だけでなく、実は、国語教科書・文学教材のほとんどの手引きがそうである。この傾向は、教員の作る「学習の手引き」(発問・指示)に大きな影響を与え、いわゆる「気持ち発問」という現象を作りだしてしまった。人物は文学の主要な要素であり、人物の気持ちの「読みとり」は、文学の学習で欠かすことはできない。しかし、「気持ち発問」ワンパターンの現状は、改めなくてはならない。

二 『お手がみ』――五つの謎

文学の学習は、基本的に、「問い」によって深められていく。その「問い」の内実を問い直さなくてはならない。私は、文学の「問い」による学習を、「空白を読む」というふうに考えている。(1)

文学テキストは、「空白」によって教材に転換する。そして、文学の授業は、問いによって「空白を読む」(R・C・ホルブ)学習である。ホルブはこの言葉を、受容理論のキーワードとして使用しているが、(2)私は、作品を、学習者の「学びのテキスト」に変換するために、「空白」という概念を使用している。「空白」とは、学習者をテキストの世界に誘う「仕掛け」のことである。(「仕掛け」は西郷文芸学の概念で、読者の興味・関心を引きつける工夫のこと。)

では、文学テキストを「学びのテキスト」に転換しようとするとき、『お手がみ』という作品には、どのような空白が見出だせるだろうか。「問い」で読み深める教材研究のスタンスである。

本稿では、『お手がみ』から五つの箇所に空白を設定し、子どもへの「問い」として投げかけていくことにしたい。学習者は低学年の子どもであるから、興味を引くように、「五つのなぞ(謎)」として提示してみたい。(以下、便宜的に五つの場面に分けておく。①二人で悲しんでいる冒頭の場面、②かえるくんが手紙を書き、かたつむりくんに渡す場面、③がまくんの家で、手紙が来るかどうか問答している場面、④かえるくんが手紙をだしたことを告白する場面、⑤かたつむりくんが手紙をがまくんに渡す最後の場面。人物・時間・空間の変化によって場面分けをした。)

謎1 (①場面)「二人とも、かなしい　気分で」——「かえるくん」まで悲しいのは、なぜですか。

冒頭の場面に、「二人とも、かなしい　気分で、げんかんの　まえに　こしを　おろして　いました」という一文がある。一度も手紙をもらったことがなくて「かなしい」のは「がまくん」である。だから、「がまくん」が悲しいのはわかる。でも、どうして「かえるくん」まで悲しいのだろうか、という問いである。①場面で、もっとも空白を作りやすい問いである。

小学校一、二年生の子どもたちなら、「がまくん」と同じような悲しみはよく経験している。しかし、「二人とも、かなしい　気分で」というような場面は、まだ経験した子どもは少ないだろう。問いを生む条件の一つである。

この問いには、「悲しみ」とは何か、「思いやる」とはどういうことか、という学びがある。がまくんの悲しみは、文に書いてあるように、「お手がみ　もらった　こと　ない」「お手がみを　まつ　じかんなんだ」「とても　ふしあわせな　気もちに　なるんだ」という「せりふ」を手がかりに考えていくと、どの子にもわかる。しかし、かえるくんの悲しみとなると、「せりふ」に現れているわけではないので、興味ぶかい空白になる。がまくんの言動とかかわらせて「空白を読む」、ということになる。かえるくんの悲しみはがまくんの悲しみとは違う、ということ。かえるくんの悲しみは、がまくんの悲しみによって引き出される、共感の悲しみであるということを、発見させるための問いである。そして、「二人とも、かなしい　気分で」

というかえるくんの行動から、「思いやり」という意味を発見していくことになる。しかも、がまくんはそのことに気付いていない、ということ。一つの問いで、三つの学び（がまくんの悲しみ、かえるくんの悲しみ、かえるくんの思いやり）のできる問いである。

また、④場面（かえるくんが手紙をだしたことを告白した後）に、「二人とも、とても　しあわせな　気もちで、そこに　すわって　いました。」とある。その「二人とも、とても　しあわせな　気もちで」と対応している。④場面のこのフレーズを読むときは、①場面の学習をふりかえって、「かかわり」として読むことになる。そうすることで、「二人とも、かなしい　気分で」で始まり、「二人とも、とても　しあわせな気もち」で終わる、という物語の仕組みに、気付かせたい。「ふたりは友だち」の物語だからである。

謎2　（②場面）「ぼく、もう　いえへ　かえらなくっちゃ」──かえるくんは、なぜ、「大いそぎで」家にかえったのでしょうか。

物語の中で、人物の言動をとおして人物像をどうとらえるか、という問いである。物語は人物の言動によって展開していく。物語の主要な学習は、その言動から人物像をつくっていくことである。この問いは、前の場面との「かかわり」で読むことを要求する。とくに、前の問い、「二人とも、かなしい　気分で」──『かえるくん』まで悲しいのは、なぜですか。」と関連させる問いである。

この問いを考えるには、前の場面と関連づけて、がまくんの悲しさ、それをみたかえるくんの悲しさ、そしてその悲しさが、「すると」で、かえるくんの行動をうながしたこと、しかも、「大いそぎで」帰った、ということなどを、すべて「かかわり」として読まなくてはならない。低学年の子どもたちにとって、ハードルの高い問いである。この問いによって出現する「空白」を埋めようとすると、かえるくんの言動の一貫性をみつけることになり、かえるくんという人物像を作りあげることになる。低学年の読みの学習は、ていねいに、正確に行う必要がある。

また、②の場面では、かえるくんは手紙を、なぜ自分で届けなかったか、という問いも考えられる。「大いそぎで」帰って手紙を書いたのだから、すぐに、がまくんに届けてもよさそうなものなのに……。

この場面で、次のような授業記録がある。(3)

T　なんで、かえるくんは、大急ぎで手紙を書きにもどったんだろうね。

C　がまくんが、あんまり「悲しい、悲しい」というから、自分まで悲しくなっちゃいそうだから、急いで帰って手紙を書いてあげたかった。／自分も元気になりたかった。

T　なんで、かえるくんは、自分で手紙を届けなかったのかな。

C　できるだけ内緒にして出したかった。／C　返事がほしかった。／C　がまくんのようすをみたかった。／秘密にしておきたかった。／がまくんのびっくりした顔を見たかった。／遠慮した。

記録からは、この問いが空白となって、子どもたちの「読み込み」をうながしていることがわかる。

謎3　(③場面) 二人の言っていること、していることの違いを見つけましょう。

二人の人物像を、二人の言動から、対比的にとらえようとする問いである。この問いでは、人物の言動を重ねてとらえる、という学習になる。二人の行動はどうか。がまくんはベッドに寝たままであり、かえるくんは、ときどき窓から郵便受けをみにいく。この行動の違いは、なぜ起こっているのだろうか。二人の会話も、ことごとく食い違っている。

二人の違いをみつけるには、比較する観点（目の付けどころ）を必要とする。この場面では、二人の「会話」と、とくに「文末」に注目させて、違いをみつけさせたい。

・かえるくん……いいとおもうな。かもしれないだろう。かもしれないよ。

・がまくん……いやだよ。あきあきしたよ。そんなこと、あるものかい。ばからしいことというなよ。

人物の気持ちは、立場によって違うということ。そして人物の気持ちは、会話とか文末をみていくとわかる、という学習である。人物の気持ちの「とらえかた」の学習である。教科書の手引きには、このような「気持ちのとらえかた」の設問はない。

この場面では、また、物語の読者とはどういうものか、という学習もできる。子どもたちは、実は前の場面で、かえるくんが手紙を書いたことを知らされている。かえるくんの行為を知った立場で、この場面を読むことになる。がまくんは知らない、かえるくんと読者は知っている、という関係ができているのである。子どもたちに、読者の立場を考えさせる、興味ぶかい事実である。(4) この場面では、「複雑なかえるくんの気持ちを読むのは、むずかしい。」という報告もあるが、(5)「知ってる、知らない」ということの関係をはっきりさせると、とらえやすくなる。

謎4　（④場面）「とても　いい　手がみだ」――がまくんにとって、どこが「いい」のでしょうか。

この問いは、「人物の立場に立つ」という学習である。『しんあいなる　がまがえるくん。ぼくは、きみが　ぼくの　しんゆうで　ある　ことを　うれしく　おもって　います。きみの　しんゆう、かえる』という手紙である。一つは、がまくんが、手紙の内容を「いい」と思った、ということ。がまくんの立場に立って、自分が手紙をもらったと仮定して想像してみる。「しんあいなる」という呼びかけ、「きみが　ぼくの　しんゆうで　ある　こと」という内容、そして「きみの　しんゆう、かえる」という終わりの文。すべての文を、がまがえるくんの立場になって想像すると、「いい」という意味がよくわかる、という学習である。

物語を楽しむためには、人物の「立場と言動のかかわり」を読む、という学習をさせたい。がまくんの立場は、①～③の場面を読み直してみないとわからない。人物の立場というのは、物語の展開の中でできてい く、ということの学習である。がまくんが一通の手紙をどんなに待ちのぞんでいたか、そしてその手紙を、友だちのかえるくんが書いてくれた、ということ。そのこと自体が、がまくんにとっては「うれしい」ことであった。そういうふうに、人物の立場をとらえる、とらえかたの学習である。

謎5　（⑤場面）「四日　たって、かたつむりくんが、がまくんの　いえに　つきました」――かたつむりくんに手紙を渡して良かったのですか。

『お手がみ』はユーモアに満ちた作品である。しかし、「二人は　ともだち」というテーマの「読みとり」に終始する授業が多く、ユーモアとして楽しむ実践はすくない。この点で、独自のユーモア論をもっている文芸研の実践が安定している。この問いは、文芸研の実践において使用された問いである。

文芸研の文芸学（西郷文芸学）では、ユーモアとは、「人物の言動と、読者の常識の間にズレ・くいちがいが生まれること」と定義されていて、「美の一つ」として重視している。『お手がみ』については、次のように述べている。(6)

> 文芸における美には、さまざまな美があり、ユーモアはその一つです。芸術の美というのは、おもしろさとか、味わいというふうなものです。そして、その美というのは、この作品が語っている真実と裏表の関係にあります。美だけがあるわけでもなく、真実だけが表現されているわけでもありません。かえるくんもがまくんも、もちろんかたつむりくんも「まじめ」にもかかわらず、作品の文体の効果として、読者は一読、明るいユーモアを体験します。ユーモアとは、人物—話者—読者の関係の中に、いわば、にじみ出てくるようなものといえましょう。

このユーモア論でもって『お手がみ』をみていくと、全編にわたって良質のユーモアが満ち溢れている。二人で玄関にすわって、手紙をまっていること①。かえるくんが書いた手紙をかたつむりに託すところ②。かたつむりくんが「すぐやるぜ」というところ②。手紙の来ることを知っているかえるくん（読者も知っている）と、知らないがまくんのちぐはぐな会話（「もう　ちょっと　まって　みたら」「ひょっとして、だれかが　きみに」「きょうは、だれかが」）③。かえるくんが手紙の中身を教えてしまうところ④。二人で手紙をまっているところ④。かたつむりが手紙を届けるのに四日かかったこと⑤、などである。

文芸研の実践（たしかめよみ）では、まず②の場面で、かえるくんが手紙をかたつむりに託すところで、「この場面を読んで、おもしろいところはないですか」と発問し、子どもたちは、「すぐやるぜ」「まかせてくれよ」と、まじめに答えているところを挙げた。そのあと、③④⑤の場面でユーモアをみつけていく。ユーモアを感じる、ユーモアをさがす、という学習である。そして、「おもしろいところ」をたくさん見つけた後で、「ユーモアとやさしさを重ね合わせる」学習に発展していく。「おもしろいところ」と「やさしいところ」が、実は同じである（かかわりがある）というレベルの高い学習である。

③場面

T　かえるくんは、おもしろい人物ですね。

C　ただおもしろいんじゃないと思います。がまくんのことを本当に考えてあげているから、やさしい人物だと思います。

C　なんだかかえるくんは、だんだんやさしくなっていくみたいです。

④場面

C　それに、ただの手紙ではありません。がまくんのために、がまくんをよろこばせようと思って、かえるくんがわざわざ書いたんです。

C　かえるくんの気持ちがいっぱいつまっています。

C　かえるくんのやさしい心がいっぱいつまっています。

⑤場面

T　かたつむりくんでよかったのかな。

C　かたつむりくんがいいです。（大勢の声）

C　かたつむりくんがおそかったから、四日も幸せな気持ちで待てたんです。

C　しあわせな時間が長かったから、いいと思います。

人物の言動の「おもしろいところ」が、同時に、人物の「やさしいところ（おもいやるやさしさ）」であった、ということを発見していく学習である。文芸研のいう「美と真実」を体験していく学習である。

作者、アーノルド・ローベルは、作品について、「子どもの本を書くこつは、たぶん、あまり大上段にふりかぶることなく、しかも全力投球であることではないだろうか。私が創りたいのは、おもしろく、軽い感じで、ユーモアいっぱいの作品なのだ」と述べている。(7)

この作品のユーモアは、大きな特徴の一つであるが、取り上げる実践はすくない。

三　まとめ

文学教材は、いま、活動主義の教材観によって、表現活動の資料に変質しているように思われる。私はその流行を「イベント教材化」と呼んでいる。おみつさんと大工さんの結婚式をしてあげよう（『わらぐつのなかの神様』）、ごんの葬式をしてあげよう（『ごんぎつね』）、おじぞうさんになって劇をしよう（『かさこじぞう』）といったイベントを目的とした教材化と実践のことである。

それに対して、本稿のテーマは、「文学としての教材化」と「問いの復権」であった。私の関心は、『お手がみ』を例として、文学テキストから引き出すべき「問い」とはどのようなものか、という課題に答えることであった。文学の授業において、問いとは何か――空白を読むということである――という考え方によって、『お手がみ』を五つの謎（問い）によって追求してみた。実践での検証によって、ご教示いただきたいところである。

【注】

(1) 拙稿「空白を読む―声喩をどう指導するか」(『国語教育学研究誌』14号　一九九三　大阪教育大学国語教育研究室)を参照。「雲を見ながらライオンが／女房にいった／そろそろ　めしにしようか／ライオンと女房は／連れだってでかけ／しみじみと縞馬を喰べた」(工藤直子『ライオン』)をテキストとして、「しみじみと」を空白にした実践、「縞馬を喰べた」を空白にした実践の受容反応の研究を行った。

(2) 「空白を読む」は、R・C・ホルブ『「空白」を読む―受容理論の現在』(鈴木聡訳　一九八六　勁草書房)を参照。

(3) 木下ひさし「ともだちっていいな―『おてがみ』を読む」(田近洵一ほか編『「読者論」に立つ読みの指導　小学校低学年編』一九九五　東洋館出版社)

(4) 文芸研の実践では、西郷文芸学の視点論によって、次のような図式が使われている。(広島・蒲刈文芸研『教材研究ハンドブック2　お手紙』一九八五　明治図書)

	がまくん	かえるくん	みんな(読者)
・かえるくんが手紙を書いたこと	×(知らない)	○(知ってる)	○(知ってる)
・かたつむりくんにたのんだこと	×	○	○
・四日もかかる	×	×	○
・かえるくんも手紙を待っている	×	○	○

(5) 長田民子「授業の実際例2　お手紙」(『小学校国語科学習指導の研究』42　一九九四　東洋館出版社)

(6) 注(4)と同じ。

(7) アーノルド・ローベル「私の絵本づくり」(今江祥智編『絵本の時代』一九七九　世界思想社)

所感交感

「空白」に関する覚え書き

跡上　史郎

極端なことを言えば、文学作品は、ほとんど不確定な個所、「空白」だらけである。がまくん、かえるくんは、どれくらいの背丈を持っているのか、彼らはそれぞれ何歳なのか、どうやって家を建てたのか、どこの国に住んでいるのか、そもそもなんで人間の言葉をしゃべったりしているんだろう？　そういう意味では作中人物の「気持ち」も「空白」であり、それを「読みとる」ことになんら不都合はないように思われる。

一方、足立論によれば、国語教育においては、「『気持ち発問』ワンパターンの現状」が見られるという。この「『気持ち発問』ワンパターン」に対置されるのが、「教材に固有の『問い』」ということになるであろう。「教材に固有の『問い』」とは、どのようなものなのか。例えば、「謎2」の「かえるくんは、なぜ、『大いそぎで』家にかえったのでしょうか」という「問い」である。これに答えるためには、「前の場面と関連づけて『……』、すべて『かかわり』として読まなくてはならない」。なるほど、このような教材内部に構成された「かかわり」にまつわって発生する「空白」であれば、たしかに「固有の『問い』」を形成しているということになるであろう。「気持ち発問」が問題である本当の理由は、作品理解に必要な前後の「かかわり」を無視しているか、それに関係なく発問できてしまうという点であって、「ワンパターン」になるのは、その結果だったのである。

ところで、「空白」については、R・C・ホルブ『「空白」を読む　受容理論の現在』を参照せよということである。この本の原題は、Reception Theoryだから「受容理論」であり、特に「『空白』を読む」ことに特化して解説された本ではないし、「空白」よりも「空所」とか「不確定個所」とかいった言葉の方が多く出てくる。「空白」については、W・イーザーに関する節で、「空所」と区別される形で取り上げられている。しかし、ここでは言葉の違いはあまり本質的な問題ではないだろう。足立氏の「空白」への問題意識は、本質的にはイーザーの唱える理論の基本線に非常に近しいものと思う。

ただ、イーザーは、ずいぶん前から非常に旗色が悪い。例えば、直接にはイーザーに向けた言葉ではないが、この本の編者の一人である田中実は、「〈本文〉を読者の恣意で、ある個所は『空所』、別のある個所は『空所』ではないと断定すると、［……］単なる読者の恣意で終わるのである」（『小説の力　新しい作品論のために』一九九七・五　大修館書店）と言っている。ある部分は「空白」「空所」で他はそうでないというようなことは、確かに本質論としては言えない。最初に述べたように、見方によってはほとんどすべてが「空白」「空所」であるし、極端な話、読者が表現と意味との自明な関係を疑いだせば、完全にすべてが「空白」「空所」になってしまうことだってあるだろう。しかし、足立氏の「空白」は、それとはレベルが異なるのである。ある部分を切り取ってきて、それが本質的に「空白」であるとかそうでないとか言っているわけではないのだ。それは、あくまでも前後の「かかわり」が織りなす落差としてあらわれるものなのである。

イーザーというと、すぐに「空所」の理論の人ということで片づけられたり、リベラルのイデオロギーに捕らわれていることなどが問題にされるが、どうも簡単に斬って捨てるにはもったいないようにずっと思っていた。そして、その思いは、生徒に教材を／教材で教える場面でも「『空白』を読む」ことが有効だということを証明した足立論を読んだ後では、ますます強くなってきている。

イーザーが有効な場面というのは、まさに、読者が本文の前後の「かかわり」を読む動的な過程を問題にしているところではなかろうか。イーザーは、それについては正解があるはずだとがんばってしまったようだが、私は正解はなくてもかまわないと思う。ただ、動的な過程だけは認めて欲しい。

例えば、『お手がみ』に即して言うなら、次のようなことだ。私は『お手がみ』を読んで、「かえるがしゃべるなんてへんだ」と思う。これが「謎」としての「空白」である。しかし、私はなんとか「でも、これは人間の世界のことをかえるに託しているのかもしれないし、あるいは単にかえるがしゃべっていい世界なのだ」と「空白」を埋める。すると、私は、「かえるもしゃべる」という修正された視点で物語を読み進んでいく。私は、最初『お手がみ』を読み始めたときとは、違う読みの「システム」を用いて読書を続け、また違う「空白」を見つけては、その都度「システム」を修正していく。これは、いわゆるサイバネティクス理論における「フィードバック」というものである。あまり表には出てこないが、イーザーの理論の根底には、絶対サイバネティクスがあるはずだ。

私がサイバネティクスに関していつも思い起こすのは、飛んでいる飛行機をいかに撃ち落とすかという、あまり平和的ではない課題である。これは、大砲かなにかで飛んでいる飛行機にがんばって狙いをつけて、ドカンと撃つしかないように思われるのだが、サイバネティクスでは、レーダーで飛行機の位置や速度を計測し、コンピュータによる予測を行い大砲の角度を調整すれば、すなわち狙いをつけるシステムに「フィードバック」を導入すれば、精度が上がると考える。やっぱり、あまり平和的でなくて恐縮である。しかし、今の文学研究は、狙いを修正することよりも、最初にどのような狙い方をするか（もちろん大事と思う）ばかりが問題になり、狙い方の違う者同士で修正なきドンパチをやっている場合があるような気がする。あるいは、私の比喩の構成の仕方そのものが間違っているだろうか。

所感交感

『お手がみ』再論——教材としての魅力

足立　悦男

　跡上史郎氏の論考は、『お手がみ』を、「ない」ことをめぐる物語として読む、興味ぶかい作品論であった。そう言われてみると、本当に、『お手がみ』は徹底して「ない」ことの物語である。とくに、初めの方は、お手紙が来「ない」ので「かなしい」「ふしあわせ」ということ、終わりの方は、お手紙がまだ来てぃ「ない」にもかかわらず「しあわせ」という指摘は、この作品の構造をみごとにとらえている、と思った。ただ、教材論としてみると、多少の異論もある。

　一つは、「ない」ことの物語について。この教材は確かに「ない」ことの物語であるが、お手紙が来「ない」ので「ふしあわせ」と、お手紙が来てぃ「ない」のに「しあわせ」ということの間に、がまくんとかえるくんの緊迫した「やりとり」がある（私の場面分けによると、③④場面）。手紙は来ない（がまくん）——来る（かえるくん）という会話である。この場面で大事なことは、私の論考にあるように、読者は、語り手によって、かえるくんの書いた手紙が来ることを知らされている、という事実である。読者は、そのことを知った立場で、二人の「やりとり」を読んでいく。だから、来「ない」という場面であっても、来ることを前提とした来「ない」という状況である。私の論考でいうと、注(4)を参照していただきたい。がまくん――かえるくん――みんな（読者）の「知ってる・知らない」の関係である。学習者（一～二年生）に、このような物語構造と読者の「かかわり」（読者としての位置）を学ばせることは、物語を楽しむための大事な学習法である、と私は考えている。

二つには、宮川健郎氏の『お手がみ』論をふまえた、「宝物としてのお手がみ」について。宮川氏は、二人にとっての「お手がみ」の意味として、文化人類学でいうクラ交換の儀式を応用している。ニューギニア島では貝殻などが宝物として交換される、という事例に即して、宮川氏は、二人にとっての「お手がみ」もそうであり、「価値があるものだから交換されるのではなく、交換されるから価値があるのだ」と述べている。「お手がみ」の意味として重要な指摘であると思う。

私の論考では、第4の謎として、手紙についての発問がある。④場面で、「とても　いい　手がみだ」――がまくんにとって、どこが「いい」のでしょうか、という問いである。この発問は、内容だけでなく、他ならぬ友だちのかえるくんが書いてくれた手紙であること、そのことの価値を発見させる問いである。その点では、「宝物としてのお手がみ」という考え方と共通している。

ただ私は、宮川氏のように、手紙の内容に価値がないとは思わない。『お手がみ』は一～二年生の教材である。一～二年生にとって、「しんあい」「しんゆう」というのは、全く新しい世界を指し示す言葉である。『お手がみ』は、ローベルの『ふたりは友だち』という短編集所収の作品である。どの作品も「ふたりは友だち」という明快なテーマをもった短編である。だから、『お手がみ』の「しんあい」「しんゆう」という言葉を大事にしたいのである。「ふたりは友だち」ってことは、そういうことなのか。そういう言葉で表される「ふたりは友だち」の世界があるのか、という新しい世界を指し示す言葉である。だから私は教材論として重視したいのである。子どもたちにとって、新しい言葉との出会いは、新しい世界を獲得することである。文学教育で大事にしたい教育内容である。

三つには、「四日間もしあわせにまつ楽しみ」について。私の論考でいうと、第5の謎――かたつむりくんに手紙を渡して良かったのですか――という発問にかかわってくる。私の引用した授業記録からでも、跡上氏の引用された授業記録からでも、子どもたちに、「四日間もしあわせにまつ楽しみ」は十分支持されている。跡上氏は、付け加えて、お手紙を手にするのとは「別種のしあわせ」とも述べている。そして、ここで大事なことは、お手紙はがまくんの「虚像」である、と述べている。確かに、かたつむりくんが運んでいる途中なので、いま、ふたりの前に手紙は「ない」。その意味では虚像といえるかもしれないが、虚像ということばで、この場面をとらえきれるだろうか。

いま、ここに「ない」ということで、お手紙は二人にとって実際の手紙以上の価値をもつことになった。本来「ない」手紙を「ふたりで待つ」という「しあわせ」な状況を作り出したからである。だから、手紙を「ふたりで待つ」という「しあわせ」な二人にとって、お手紙は、虚像ということではなくて、くっきりと目の前に「ある」。そして、二人にとって、お手紙は、このとき、もっとも大きな意味をもった。子どもたちにも、そうとらえさせたい。最後の場面は、かたつむりくんががまくんの家に着き、「そして、かえるくんからの手がみを、がまくんにわたしました。手がみをもらって、がまくんは　とてもよろこびました」で、この作品は終わる。くっきりと目の前に「ありつづけた」手紙を受けとったところで、物語は終わる。四日間の「ふたりで待つ」「しあわせ」が、ふたりにとって手紙のすべてであった、ということのよくわかるラストシーンである。子どもたちに、ふたりとともに、しんみりと感受させたい「しあわせ」である。

以上、跡上氏の論考に学びつつ、教材論として若干の異論を述べさせていただいた。

HISTORY & DATA ●お手がみ

作品DATA

［出典］　アーノルド・ローベル　作　三木卓　訳『ミセスこどもの本　ふたりはともだち』（七二　文化出版局）：教育出版・光村図書・日本書籍・大阪書籍。「がまくんとかえるくん」シリーズの第一冊。第一冊には、『はるが　きた』『おはなし』『なくした　ボタン』『すいえい』『おてがみ』の五編が入っている。

［原典］　*Frog and Toad are Friends* by Arnold Lobel, 1970, Harper & Row.

［教科書への掲載］　教育出版＝昭和55→平成12／光村図書②年＝昭和55→平成12／日本書籍②年＝平成4→12／大阪書籍②年＝平成12

作家DATA

［作者］　アーノルド＝ローベル Arnold Lobel（一九三三―一九八七）アメリカのロサンゼルス生まれ。恵まれない少年時代を送ったといわれる。夫人のアニタ＝ローベルも絵本作家として有名。のち離婚。最初の絵本『ミスター・マスターの動物園』で認められ、続く『ミスター・マスターの日曜日』は、「ニューヨークタイムズ」のベストテン絵本に選ばれた。日本語に翻訳されている絵本には、「がまくんとかえるくん」のシリーズ『ふたりはともだち』（七〇、邦訳七二）『ふたりはいっしょ』『ふたりはいつも』『ふたりはきょうも』をはじめ、『やどなしねずみのマーサ』（以下邦訳年、七五　文化出版局）『ハバードおばさんといぬ』（八〇　同）、『どろんここぶた』（七一　同）、『ふくろうくん』（七六　同）、『きりぎりすくん』（七九　同）、アニタ＝ローベルとの共作『りんごのきにこぶがなかったら』（八〇　理論社）などがある。

［訳者］　三木　卓（一九三五―　）東京生まれ。詩人・小説家・童話作家。本名、冨田三樹。幼少年期を満州で過ごし、四六年、父母の出身地静岡に引き揚げる。早稲田大学在学中から詩作を始め、新聞社・出版社勤務を経て、六八年から文筆生活に入る。詩集『東京午前三時』（六六　思潮社）でH氏賞を受賞。七三年には『鶸《ひわ》』で芥川賞を受賞。以後、数多くの小説を発表。児童文学の作品としては、『ほろびた国の旅』（盛光社）『ぽたぽた』（八三　筑摩書房）『イヌのヒロシ』（九五　理論社）などがあり、翻訳も多い。

「本道に還る」ということ

宮原　修

私の専門は教育方法学で、主に学校教育の在り方、授業の在り方などを実際に即して考えている。それを研究して二十五年ほどになるが、その間、国語教育についてもかなり考えてきたつもりである。『垣内松三著作集』の月報の中では「国語科教育学」と呼ばれる名誉もいただいた。それはともかく、教育の中心は「国語」（言語）という思いもあって研究を進めてきたのだが、教育界において「国語教育」について戦前戦後の一時期のような活発な論争や勢いがないのは残念なことである。ただし、「国語」に勢いがないことは「国語」と「ナショナリズム」の不合理な関係を断つためにはむしろ良いことなのかもしれない。しかし、両者の合理的な関係とはどのようなものなのか。二十一世紀の世界の中での「国語教育」はどうあるべきかなどについての徹底した深い考察が足りないように思われる。現在は世界史的な曲がり角で、日本も曲がり角にある。曲がり角を「昔の道」に戻るのか、「新しい道」を切り開くのか、それは文学者にも教育方法学者にも国語教育学者・国語教育実践者にも課せられた重い課題である。本シリーズはそれに一定の示唆や解答を与えてくれるだろう。だから私はここで教育方法学の立場から、本シリーズのいわば観客（読者）の一人として、「国語教育」についての私見の断片を述べさせていただく。それが本シリーズの示唆や解答と共鳴すれば幸いである。

私は一年ほど前、国語教育のある月刊誌に「今こそ日本の国語教育一二〇年余の蓄積の『本道』に還るべき」と述べたことがある。「変わったこと」「奇をてらったこと」をするのが国語教育ではない、国語教育は子ども一人ひとりの「聞く・話す・読む・書く」能力を最大限に発揮させることに全力を注ぐべき、ということを言いたかったのである。たとえば「書く」については、戦前からの「生活綴り方」「作文」の伝統がある。しかし今から三十年以上も前から、子ども（高校生を含む）の書く力は弱まっているという指摘がある。「書く力」をつけるためには、テーマは何でも良いから子どもにしっかりと「書かせる」ことが大切だ。そのために新学習指導要領のもとでの時間割の弾力化を大いに利用しよう。三〇分、五〇分、六〇分、一〇〇分など、長時間連続して原稿用紙（ワープロ）と辞書その他に子ども一人ひとりを向かわせて、「もの・ことを書かせる」授業を創ろう。その過程で「作文の技法」や「表現の技法」などを子ども一人ひとりに丁寧に指導しよう。

「読む」についてもたくさんの蓄積がある。戦後で言えば、教育科学研究会国語部会の宮崎典男さんが、すべての子どもに「文学を読む喜び」を体験させたいために「読解指導」をするのだという考えを示したが、それが「読む力」をつけるための指導のアルファでありオメガであろう。だから「国語の授業」の中でもすべての子ども一人ひとりが「文学を読む喜び」を体験できなければならない。それでは「文学を読む喜び」とは何か、そもそも「文学」とは何か。そのことの徹底した考察から「文学の授業の方法」が構想されなければならない。宮崎典男さんも述べていたが、自分ひとりで「文学」を読んで「面白い」と思ったり、「すごい」「悲しい」と思ったり、「なるほど」と思ったり、「おかしい」と思ったりするのが「文学を読む喜び」ではないだろうか。授業で子ども一人ひとりはそのための能力を育んでいるだろうか。そのために何でも良いから読もう（乱読のすすめ）があってもよいだろう。そのための図書館利用などが「国語の授業」としてあってよい。「総合的な学習の時間」を活用するのもよい。「国語（文学）の授業」のなかで「哲学」をしても「歴史、地理」を学んでも、「科学、芸術、文化」などについて考えてもよい。その点で私は、「国語教科書」の教材は小学校からかなり難解な作品があってよいのではないかと思っている。「易しい作品」は市中にたくさん出回っている。それを副教材として使うこともできる。「読む」ための「漢字学習」、「辞書の引き方」などは子ども一人ひとりに徹底的な学習（自分で覚えたり、引く練習をしたりする）をさせなければならない。「教師が教えない国語の授業（時間）」があってもよい。

「話す力」「聞く力」は、家庭での保護者その他の人々との関係の中でも大切に育てられなければならない。「国語の授業」で「話す」「聞く」或いは「コミュニケイション能力」「ディベイト能力」を育てようとするのも大切ではあるが、それはむしろ国語の授業の過程でこそ重視されるべきだろう。Language across the curriculum（教育課程全体を通しての言語教育すなわち言語能力の開発）ということがイギリスで一九七五年前後から言われてきているが、国語のみならず、あらゆる教科、道徳、特別活動、「総合的な学習の時間」などで、「聞き（読み）、話し（書き）、議論するコミュニケイション能力」は育てられなければならない。

最後に、「国語教育の本道」に関して一言だけ付け加えさせていただく。「読む力」をつけるためには、「良い作品（教材）」をじっくり読み、鑑賞し、時には表現を暗唱しながら、人間の「感性」（感情、こころ）を深くわかることが大切である。また、作品の論理展開を読みとることが大切である。その際に、作品（文章）の真偽を論理的に判断することもあるだろう。「書く力」をつけるためには、子ども一人ひとりが、「自分の論理」「自分の感情」をしっかりと表現できるように、子ども一人ひとりが「自分の言葉・表現」を探しながら、じっくりと時間をかけて取り組むことが大切である。

「本道」に還ることによって「国語教育」のルネッサンスが起こることを期待したい。

くじらぐも

中川李枝子

阿毛　久芳／深川　明子

くじらぐも――〈ごっこ遊び〉へ

阿毛　久芳

一

もし　あなたが　とりだったら、／そらを　とぶのは／どんな　きもちだろう。／とりに　なったつもりで／からだを　うごかして、／こころの　なかで／そらを　とんでみよう。／さあ、なにが　みえる？／どんな　おとが　きこえる？

『にほんご』（安野光雅・大岡信・谷川俊太郎・松居直　編　一九七九・一一　福音館書店）の《もし》の冒頭部だが、この《もし》という想定は、『くじらぐも』にそのまま当てはまるだろう。「もし　あなたがくものくじらにのれたなら　どんなきもちだろう。こころのなかで　くものくじらに　のってみよう……そ

こから　なにがみえるだろう?　なにがきこえるだろう?」という問いが可能だからである。この《もし》は子どもたちに外界の現象から想像力を喚起し、心の中に浮かび上がってくる世界へ目を向けさせようとしている。

《もし》では続いて、

ひとは　とりのように／そらを　とぶことは　できない。／けれど　ひとは　おおむかしから／そらを

とぶことを　ゆめみたり、／かんがえたり、はなしたり、／かいたり　してきた。／そうして　やがて／

ひとは　ひこうきを　はつめいした。

となっている。もちろん現実には人は雲に乗ることはできないが、空に浮かぶ雲の上はさぞ快いことだろ

う、雲の上から見る風景はどのようなものなのだろうという想像とともに、雲に乗りたいという願いは、地

上にいる人の心を解放する夢としてあった。雲が水の粒子の集まりなのだという科学的知識を得た後も、ふ

わふわした綿のように見える雲の触感を打ち消すことはできない。むしろ〈くじらぐも〉は飛行機というよ

りも飛行船といった具体的な趣をもって、人間が発明したものと通じ合い、子どもたちの前に現れる。

同じく『にほんご』の《ことばとからだ》には、次のような誘いと問いがなされている。

こうていに　でて、／あおぞらを　みあげながら／「そら」って　いってごらん。／かぜに　なったつも

りで、／はしりながら「かぜ」って　いってごらん。／どんな　きもち?

ここで確認することは、「ことばは　からだの　なかから　わいてくる。」ということである。このことも

『くじらぐも』に当てはまるだろう。「そら」といい、「くも」といい、「かぜ」という。これらの言葉は、空

や雲については視覚で、風についてはさらに聴覚、嗅覚、触覚を加えて、感覚とむすびつくからである。

『くじらぐも』は、青空を見上げながら「あっ!　くじらのかたちをしたくもだ。」という発見が子どもたち

の身近に起こりうるものとしてあり、しかも雲を動かす風を感じながら、自分の体が浮遊するほど軽くなるという解放した身体感覚を、想像力によって喚起させることができる。

二

『くじらぐも』は小学校での四時間目、校庭で体操をしていた一年二組の子どもたちが、空に現れた大きな〈くものくじら〉に風の力の助けを受けて乗り、歌を歌って、海へ、山へ、町へと進む。そして四時間目の終わりのチャイムが鳴り出したところで校庭に戻ってきて、〈くものくじら〉とお別れをするという話である。

中川李枝子の「作者の言葉」によれば、保育園保母として、幼児を送り出す先の「聖域、踏みこんではならない場所」と小学生を思っていたため、小学一年生の教材を書くことに初めは戸惑いがあったが、多くの人に読んでもらえるチャンスと考え、武者ぶるいしたという。

またこの作品で留意した条件は、日本中の子どもが相手なので、習慣、気候、言葉などの違いで子どもがまごつくことがないようにしたということ。男女双方に満足のゆく題材であること。いわゆる出来の良い子、悪い子にかかわりなく、どの子にも退屈でなく苦痛でない作品であること。気持ちよく読める文章であること等々で、未知の世界である一年生にいやがられない、苦痛を与えない、学校ぎらいにさせない「楽しい話」を書くことを肝に銘じての挑戦だったともいう。

確かに日本の小学校の四時間目に一年生が校庭で体操をしているという情景は、読んでいる子どもたちの生活に実際あったり、可能性のあるものとして了解される。設定は日本の小学校の一年生であれば（……あるいは「日本の」という限定なしでも）『くじらぐも』の子どもたちの当事者になれるのである。習慣、気候、言葉、地域差は周到にゼロにされているといってもよいだろう。

〈くじらぐも〉という名称は本文では一か所しか使われていない。「空に、大きな　くじらが　あらわれました。」と、空にくじらというシュールリアリズム風の取り合わせを出し、「まっしろい　くもの　くじら」ということで、その結び付きが意外ではないことを納得させる。ここではくじらは海で泳ぐもの、くじらの色は黒い、という固定的な思い込みはやわらかに覆っている。その上で本文では〈くじら〉に焦点が当てられる。しかも語り手は〈くじら〉と一貫して呼びながら、「くじらも、空で　まわれ右を　しました。」「くもの　くじら」ということで、くじらの形をした雲であることを、それとなく忘れないように暗示している。

※

この話で興味深いのは、子どもたちの体を動かす身体感覚と〈くものくじら〉の動きとが一致することから、〈くじら〉への子どもたちのアクションが始まっていることである。

「一、二、三、四。」の号令の声とともに、くじらも、体操を始め、「のびたり　ちぢんだり　して、しんこきゅうも　しました。」「みんなが　かけあしで　うんどうじょうを　まわると、くもの　くじらも、空をまわりました。」「せんせいが　ふえを　ふいて、とまれの　あいずを　すると、くじらも　とまりました。」となっている。

この〈くものくじら〉の動きは、実は運動する子どもの目線そのものから生じている。身体の動きで目線も動く。その動態の感覚から見える世界として〈くじらぐも〉の動きは現れているのである。子どもたちの動きを〈くじら〉が真似をしているように見えるのは、子どもの動態そのものの感覚の中に〈くじら〉が入り込んでいることを示している。

「まわれ、右。」の先生の号令で、〈くじら〉も空でまわれ右をするが、まわれ右を子どもたちがするからこそ、子どもたちの視界には、〈くものくじら〉がまわれ右をしているように見えるというわけである。

「あの　くじらは、きっと　がっこうが　すきなんだね。」という思いは、動作をともにすることになったみんなが気づいたことであり、だからこそ校庭に下りてきてともに体操をやろうという子どもたちの呼びかけになる。

「おうい。」と子どもたちが呼び、「おうい。」とくじらが答える、呼びかけ合い。「ここへ　おいでよう。」という互いのさそいかけ合いは、話声ではなく遠くのものへ声を届かそうとする発語であり、ともに発声することで気持ちがいっそう密着してくる。ここにみられる応答と交感を成立させる重要な要因は、外界へ声を発することによって心を解放させることである。この解放感の中で〈くものくじら〉は、生きた〈くじら〉として子どもたちにある。

語る口調と「一、二、三、四。」の機械的な号令、そして「おうい。」「ここへ　おいでよう。」という呼びかけによる発声というように、多様な音調が読み取られる。発声による心の解放は、さらにみんなで手をつなぎあって、「天まで　とどけ、一、二、三。」の掛け声とともにジャンプをする身体活動へとつながっている。ここでの「一、二、三。」は、規則的な体操の号令「一、二、三、四。」とは異なり、一気に跳ぶことへと爆発させる引火性をもった声合わせである。ジャンプは、「やっと　三十センチ」から「五十センチ」へと伸び、そして「天まで　とどけ」という子どもたちの願いと「もっと　たかく。もっと　たかく。」という〈くじら〉の応援によって、風が子どもたちを空へ吹き飛ばすことで、〈くじら〉に乗るという夢は実現される。ジャンプする高さが伸びたのは、「くもの　くじらに　とびのろう。」とする子どもたちの一致した決意が、一回目より二回目の方が強まったことを表しているとともに、身体の重力感から子どもたちが解放されていく度合いをも示している。

幼い子が自分の足で歩いて、見たり聞いたり触ったりできる世界はごくかぎられています。でも心の世界はどこまでも広がっていきます。想像力さえあれば、空を飛ぶことも海にもぐることもできるし、お姫様や魔法使いにもなれるし、象にだってなれます。

死んだり生き返ったりも意のまま、ほんのちょっとしたきっかけが子供の想像力をかきたてて、とてつもない空想の世界を生み出します。幼児の遊びっぷりを見ていると、現実から空想へすっと入っていき、心ゆくまで楽しんでいるのがよくわかります。（『本・子ども・絵本』改訂版「子どもと絵本 5 絵本の世界はほんとのこと」一九九七・五 大和書房）

子どもたちは遊びの名人で、空想と現実のあいだをいともたやすく出たり入ったりして私をおどろかせました。遊びの世界の何と自由で奇想天外なこと！ 遊んでいる子どもたちはとても利口で賢こく、私など足許にもおよべない感じでした。そして、その遊びっぷりを見れば見るほど、子どもたちをもっともっと楽しませてやりたいと私は意気込みました。（『本・子ども・絵本』「本と絵本のこと 5 子どもを相手として」）

ここでいわれていることは、やはり『くじらぐも』においても当てはまる。現実から空想の世界へ、空想の世界から現実へという展開が『くじらぐも』にあるからである。「楽しませてやりたい」という気持ちも、『楽しい話』をかかなくてはならない」という『くじらぐも』を書く時の決意と変わりがない。

注意されるのは、幼児が遊びで「現実から空想へすっと入って」いく時の、その〈すっと〉移るたやすい感触が、中川李枝子の童話自体にはある、ということである。このことは子どもの空想の奇想天外な楽しさということもあるが、想像力を喚起するものは日常の生活に満ちていることを意味してもいるのだ、というメッセージとしても受け取られる。空に〈くじら〉が現れた時には、すでに現実は、すっと空想の色合いに染まっている。子どもたちを吹き飛ばし運ぶ『くじらぐも』の風もそのようなものとしてある。子どもたちの身体は風が吹くことによりその重さを忘れる。風と同化する感覚、それは不思議でもなんでもない。不思議に思う方がかえって不思議なのだ。

どっどど　どどうど　どどうど　どどう、
青いくるみも吹きとばせ
すっぱいくゎりんもふきとばせ
どっどど　どどうど　どどうど　どどう

たとえばこの宮沢賢治の『風の又三郎』の風が子どもたちに〈又三郎〉を想起させるものであり、現実から空想へと誘う「ほんのちょっとしたきっかけ」になり得ている。「さはやかな九月一日の朝でした。青ぞらで風がどうと鳴り、日光は運動場いっぱいでした。」という風が鳴る学校の風景は、習慣、気候、言葉、地域差ゼロの『くじらぐも』の学校にも、読んでいる子どもたちの学校にもあり得る。風が手をつないだせんせいと子どもたちを吹き飛ばしたとき、『風の又三郎』の冒頭の歌で比喩的にいえば、せんせいも子どもたちも青いくるみや花梨となって物語世界に入りこんだ、そういう位相に近いものがある。

三

「風は友だち」（『絵本と私』）には中川李枝子にとっての風への思いが記されている。韓国の梨花女子大学幼児教育学科教授、李相琴（イ・サンクム）さんの『半分のふるさと――私が日本にいたときのこと』が坪田譲治賞を受賞した際のお祝いのパーティのスピーチで、自然のなかで遊ぶ大切さを李さんは強調し、「わたくしは風が好きです。子どものころからいろいろな風に当たって鍛えられ、励まされ、慰められてきました」と締めくくったという。そこからマリー・ホール・エッツの『ジルベルトとかぜ』（田辺五十鈴訳　一九七五・八　冨山房）を中川李枝子は思い起こし、子どもは風が好きなのだ、「風に吹かれて面白がったり、こわがったり、不思議がったり、悲しくなったり、どの子も表情豊かに反応するはず」「風を友達にできる子は、きっとたくましく思慮深い、素直な人間に成長するにちがいありません。」と結んだ。風を豊かに感じられることは、心を解放し、豊かな表現を贈り物として受け取られる。


きこえるよ、かぜが　とぐちで　よんでいるのが。「おー——い」と　ちっちゃなこえで。

「おお——い！」すると　ぼくは　ふうせんをもって　あそびにとびだす。

はじめ、かぜは　おとなしく　ふうせんを　そらに　ふわふわ　うかべてる。でも、とつぜん　ふうせんを　さっと　とりあげ、きの　てっぺんに　もっていく。

「かぜくん！　ねえ　かぜくん！」ぼくは　いう、「おねがいだから　かえしてよ。」でも　かえしてなんかくれないで、わらって　ささやくんだ、「おー——い」だなんて。


子どものジルベルトにとって風は生きている。ジルベルトには風は吹くものではない。彼が「ぷっとふいて」風車をまわすところが一か所あるが、風の方は洗濯物や牧場の木戸と遊んだり、傘が好きでこわしたり、ジルベルトとかけっこをしたりする、凧を遠くにとばすのを手伝ってもくれるが、ジルベルトの凧の方は落としたりする。その他、実ったりんごの木や、紙の帆を付けた模型の船、風車、しゃぼんだま、落ち葉、嵐に現れる風の姿、そして最後に疲れてジルベルトと寝る風が語られる。どきどきするほど豊かな表情を風がもっているかに気づかせてくれる。『風の又三郎』でも、「うなみだいな風など世界中になくてもいゝなあ、うわあい」とはやす耕助に対して、又三郎がその理由を「箇条をたてゝいってごらん」といって風の悪戯をあげさせ、傘や家をぶっ壊したり、樹を折ったり……と耕助もいうが、最後には答えに窮し「風車もぶっ壊《か》さな」といってしまい、「風車ならちっとも風を悪く思っていないんだ。」と又三郎がいい、笑いあう場面を思い起こさせる。自ずから風の豊かな表情を読み取ることになっているからである。

風とジルベルトとの呼びかけ合いから始まっているのも〈くじらぐも〉と子どもたちとの呼びかけ合いが思い起こされて、興味深い。また〈ふうせん〉も、空想への「ほんのちょっとしたきっかけ」になり得る。『おひさまはらっぱ』(一九七七・五　福音館書店)の『おひさまこうえん』には、『くじらぐも』に通じ合う場面があり、しかもそこにも〈ふうせん〉が登場する。

ゆうじという主人公の少年は、ジャングルジムのてっぺんで、にぎりこぶしのぼうえんきょうをつくり、空をながめる。そこからはやねが金いろにひかっているまっ白い〈くものおしろ〉が見える。うさぎのギックも手のぼうえんきょうのつくりかたをゆうじに教えてもらい、おしろを見つける。

赤いふうせんが「おしろの　いちばんたかいまど」から飛び出し浮かぶ。ゆうじとギックが「お――い、お――い。」と呼びかけ、手をふると、ふうせんは下りてくる。ふたりはふうせんの糸をつかむが、「ぼくのだい。」とふたりが互いにいいあうたびにふうせんはふくらみ、空に浮き上がって行く。ふたりは糸から手をもう離せない。

白いくものおしろのぜんぶのまどがひらいていて、「こっちへ　いらっしゃい。」とよんでいるが、ふうせんはまどより大きくなっていてふたりは入れない。とうとうまどのひさしにふうせんはさわり、われてしまう。ふたりは落ちてすなのうえに大きなしりもちをつくが、そこはジャングルジムがあり、ヒマラヤスギの葉が揺れる音の聞こえる、もとのおひさまこうえんのすなばだった、という話である。

その後、人間の子どもたちの世界にゆうじの意識が向くと、うさぎのギックは消えるが、再びブランコにのってたかくたかくこぐと、そこから、ギックのうちが見え、ホットケーキをたべているギックも見える。「ほんとうにギックは　ホットケーキをたべていたのです。」と語り手は告げる。

手の望遠鏡も、ブランコも「ほんのちょっとしたきっかけ」となって、空想の世界への視界が開かれる。うさぎのギックのような空想の世界の住人は、なんの不思議もなく日常世界に顔を見せ、ゆうじとふうせんを取り合ったり、すべりだいのはやすべり競争をしたりする。幼児期の子どもたちにとっては、〈ごっこ遊び〉の空想の入り交じった世界は、日常感覚として普通にあることをこの作品は示している。風の暗示があるのもおもしろい。

四

『いやいやえん』（一九六二・一二　福音館書店）の『くじらとり』は、ちゅーりっぷほいくえんのほしぐみ（年長組）のおとこの子たちが、へやにつみきでふねをつくり、そのふねを「ぞうとらいおんまる」と命名し、くじらをつかまえに出発する話である。みみずをえさにした〈てつのつりざお〉でくじらをつかまえるが、嵐にあい、かえってくじらにふねを引かれてちゅーりっぷほいくえんに戻ってくる。ちゅーりっぷほいくえんにおいでよ、という子どもたちの誘いに対して、ほいくえんのぷーるではきゅうくつでだめだとくじらは拒否し、うみに帰って行く。ばらぐみ（年少組）で、ふねに乗ることを許されなかったしげるは、

「ぼくがいったら、もっと小さいくじらをみつけてやったのになあ!」と残念そうにいう。

この〈くじらとりごっこ〉の中にいる子どもたちの心の世界では、保育園の部屋はそのまま大海原となっている。大人の目からすれば、〈てつのつりざお〉でくじらなど捕れはしないし、つりざお、がす、あみ、おはし、ぼうえんきょう、とけい、おべんとう、おかし、くだもの、ほうちょう、すいとう、もうふなど、ふねに積み込んだものも不十分で、まさに子どもが「見たり聞いたり触ったりできる世界」の狭さを示している。しかし、そのちぐはぐさこそが、概念から身軽である子どもの位置とその意味を表しており、ここに出て来たものはあるつもりになれば、それで十分あるものなのだし、足らなければ突然そこにあることにすれば、現れるのである。想像と創造の合一し、解放された世界は広くそこにある。くじらは、保育園の枠に収まりきらない。このことは子どもたちの〈ごっこ遊び〉の足場が保育園でありながら、その想像力は保育園を遙かにはみ出していることを表している。

もし〈くじらぐも〉が子どもたちに呼ばれて校庭に下りてきたとしたら、『くじらとり』での保育園の部屋が海原となったように、校庭が空と化する話となっただろうが、『くじらぐも』は子どもたちが空でくじらと出会う試みなのである。そして「空は、どこまでも　どこまでも　つづきます。」という空間の視野に子どもたちをおいていることは、『くじらとり』の海原と変わりがない。むしろ、教室が空に浮かぶ雲の上と化することが誘われている、といったほうがいいかもしれない。

※

もう一作、『おひさまはらっぱ』の『もんたの　なつやすみ』を取り上げてみよう。

「おさる村の　なかよしようちえん」に通うおさるのもんたは、「あしたから　なつやすみ」という日、ようちえんからかえってきて、うみへいくよういをし、うみにいくれんしゅうをする。おかあさんに『うみゆき』とかいてもらい、おひさまはらっぱの　かしの木にかかるあけびのつるのブランコに飛び乗りブランコをこぐ。そこで空へ行きたくなったもんたは家に戻り、おかあさんからキップに『空ゆき』と書き加えてもらう。今度は頭を下にして足でぶらさがりながらブランコをゆらし、目をつぶる。――このブランコに揺れる感覚の中で空想の世界が開く。

力いっぱい　はずみをつけて、もんたのブランコは　大きく大きくゆれます。

「いいきもち。」

と、もんたは目をつぶりました。

「ふわー、ふわー、くもにのっているみたい。」

すると、

「おきゃくさん、きっぷをはいけん。」

というこえがしました。

もんたが目をあけてみると、どうでしょう。くもの上にいるではありませんか。

だが、白いぼうしをかぶったからすの車掌から、『うみゆき・空ゆき』なんてややこしいことはおことわりだね、といわれてつつかれ、もんたはくもから落ちるが、くもの下でゆれているブランコに運よくつかまる。ふたたびブランコをこいで海に出発するが、ここでももんたを乗せていたかめが、ややこしいことは、にがてでねえといって、潜ってしまう。そのため、もんたは危うく溺れかけるが、頭の上で揺れていたブランコにつかまり、助かる。そしてブランコをこいでもんたははらっぱにもどる。ゆうがたのすずしいかぜに気持ちよくなって目をつぶったもんたが目をあけると、おとうさんがたっていて、「あしたは　もんたをせなかにのせて、うみと空と　いっしょになるところまで　およいでいこう。」といってくれる。

『くじらぐも』の「さあ、およぐぞ。」という声はもちろんくじらの声であるが、くもの上でくじらが泳ぎだすことを期待して胸おどらす子どもたちの心の声でもあろう。「あおい　空の　なかを、げんき　いっぱい　すすんで　いきました。」という文からは、くじらとその上に乗っている子たちを眺める視線と、くじらの上の子供たちが見る視界とが併存している。海へ、村へ、町へとくじらは子どもたちを乗せて泳ぐが、そこはどこであってもいい無限定な空白が与えられている。ここではむしろ想像力を喚起する余白が大きいともいえる。くもの上から見える風景を、子どもたちの生活空間から探すことが可能だからである。「海へ、村へ、町へ」という大まかな地域とくもの上から見ているという視界さえ踏まえれば、見える物を限定していない。子どもたちは『くじらぐも』に参加できるのである。「くもの　上で、みんなは、どんなことをはなしたでしょう。はなした　ことばも　いれて　よみましょう。」といった誘いが可能なのも、その余白の大きさと関係している。

だが、時を忘れて楽しんだくじらぐもの世界は、「おや、もう　おひるだ。」と腕時計を見ておどろく先生の声で破られる。それは空想の時間の終わりが間近いことを知らせ、現実の時間が復活することを意味している。くじらもこの時間の復活に逆らうことなく「では、かえろう。」と、素直に従う。〈くじら〉の空想の時間は、体育の時間に切り取られた中で、許されたものであった。小学校一年生の子どもたちは、幼児のようにもっと乗っていたいようとか、帰りたくないようと、だだをこねない。子どもたちの反応は空白になっている。

学校の屋根を雲の上から見る視界が許され、ジャングルジムの上にみんなが優しく下ろされるところで、子どもたちは再び地に立つ者に戻る。

「さようなら」と子どもたちがくじらに手をふったとき、四時間目の終わりのチャイムが鳴りだすのは、象徴的でもある。次は楽しい給食の時間が始まるのであり、しかもそれも学校の時間の秩序なのである。一方〈くもの　くじら〉は、自然の秩序の世界に帰る。ただジャングルジムは、くじらぐもに乗りたいという子どもたちの遊び心をいつでも誘うものとして校庭に立っている。

くじらは、あおい　あおい　空の　なかを、げんき　いっぱい　すすんで　いきました。
くもの　くじらは、また、げんき　よく、あおい　空の　なかへ　かえって　いきました。

一つは、先生と子どもたちを乗せたくじらの様子であり、もう一つは先生と子どもたちを降ろして別れていくくじらの様子である。微妙に言い換えている箇所に注意すると、これから泳ぐぞと張り切るくじらの場面で強調されているのは、空の青と元気一杯に進む積極的な方向性である。青とくじらの白の鮮明なコントラストが爽やかである。いっぽう一頭になってしまったくじらは、元気だが、その元気は一杯ではない、空の中へ帰るという方向性も、くじらの形をした雲が変形し消える動態を暗示している（むろん雲はいつでもまた新たに現れる）。

この『くじらぐも』の場面では、子どもたちは学校の時間割の秩序の中におり、体操では号令に合わせてからだを動かしている。雲の上にいるのも四時間目の枠内の出来事である。『くじらとり』にあった奔放な〈ごっこ遊び〉はないかのようなのだが、実は『くじらぐも』を教室で「皆で心を一つにし、声を合わせて読む時」、心の世界で言葉を自ずから身体の躍動感として感じ取り、子ども自身がこの作品の余白を埋め合わせて行く作業をする時、子どもたちは〈ごっこ遊び〉の延長の中にいるといえるのではないだろうか。「心の体験はそれっきりにならないで、きっと、子どもの生活に顔を出してきます。それも、遊びに生かされることが一ばん多いようです。」と中川李枝子がいうように、『くじらぐも』による授業自体を〈ごっこ遊び〉にしてしまうこと、そこに言葉を通した心を解放する体験が成立するように思われる。

「みんな」なかま『くじらぐも』

深川　明子

一　読み手の子どもたちと『くじらぐも』

『くじらぐも』は、中川李枝子が、一年生の教科書教材として書き下ろした作品である。下巻の最初に掲載されているので、一般的な進度から考えると、読み手としての子どもたちは、天候の安定した澄み切った青空が続く二学期に出会う教材である。学校という場での生活にも慣れ、「みんな」ですることの楽しみも既に何度か経験したことだろう。体操をしている挿絵を見ると、一応先生のする通りに脇腹を伸ばしてはいるものの、左右を間違えている子どもも多い。『くじらぐも』に出会う子どもたちもこのようなものだろう。その意味では、読み手の子どもたちは、教材に登場する子どもたちに親近感を抱き、自分たちと重ね合わせながら興味をもって読むと思われる。

この教材は、空に忽然と現れたくじらぐもに乗って、子どもたちが空の旅を楽しむ話である。ファンタジー教材ではあるが、ファンタジーということを意識させて読む必要はないだろう。むしろ、子どもたちとくじらぐもとの関係に焦点を当てて読んでいきたい。

物語は四つの場面から構成されている。「1」の場面では、くじらぐもが忽然と現れ、子どもたちの体操のまねをする。それを見ていた子どもたちは、くじらぐももきっと学校が好きなのだと思う。「2」の場面は、くじらぐもの誘いかけによって子どもたちはくじらぐもに飛び乗る。「3」の場面では、張り切るくじらぐもに乗って子どもたちが空の旅を満喫する。「4」は、子どもたちはくじらぐもから降りて、帰って行くくじらぐもを手を振って見送る場面である。以下、場面に沿って考察していくことにする。

二　「がっこうが　すきな」くじらぐも

場面の設定（いつ・どこで・どんな話）

物語を読むとき、物語を構成している時空と登場人物を明確に押さえておくことが重要である。「いつ・どこで」は、「四じかんめ・うんどうじょう」で、「登場人物」は「一ねん二くみの子どもたち」である。その人物が「何をしているとき、どうした」は、「たいそうをしているとき、まっしろい大きなくものくじらがあらわれた」となる。物語教材の読みとしては最初に押さえておかねばならないことが、過不足なく表現されている。

四時間目の体育というのは、体育の時間それ自体が子どもたちにとって楽しい時間であり、その上、終われば給食が待っている時間である。読み手の多くの子どもたちは、その体験をこの場面に感情移入して読むことだろう。ここに登場する子どもたちの気持ちの原点を押さえておくためにも、読み手の子どもたちの実感を重ね合わせておきたい。

「空に、大きな　くじらが　あらわれました」は、戸惑いを感じる表現である。物語の中の子どもたちも驚いただろうが、読み手の子どもたちも状況が飲み込めないので、すぐにこの物語の世界に入り込めないことだろう。すぐ次に、「まっしろい　くもの　くじらです」と続くので、そこまで読んで、読み手の子どもたちは、「ああ、鯨の形をした雲だったのだ」と納得する。しかし、最初の、「大きな　くじらが　あらわれました」という表現は強烈に頭の中に残る。雲ではあるが、命ある生き物としての鯨のイメージが残存する。それを見越したかのように、その「くものくじら」は、すぐ、子どもたちの「たいそう」のまねをする。自分の意志による「たいそう」という行為をすることによって、単なる自然現象としての雲ではなく、この物語の中で人物として機能していく雲だと分かる。対象人物としての「くじらぐも」の登場のさせ方、つまりは、読み手の子どもたちとの出会わせ方がなかなか巧みである。

ところで、作者は「くじら」と「くものくじら」と「くじらぐも」の三つを書き分けている。「くじらぐも」は題名の他は、本文中には一箇所だけである。本文中は、原則として「くじら」である。「くものくじら」は、最初に、この「くじら」が雲の鯨であることを説明するための箇所の他は、体操のまねをする場面で一箇所と、「くもの　くじらに　とびのろう。」「くもの　くじらに　のって　いました。」という子どもたちがくじらぐもに乗る場面で二箇所、それに、最後の帰って行く場面の全部で四箇所に過ぎない。特に、登場人物としてくじらぐもが話したり、行動する場面は、全部「くじら」と表記されている。「くじら」と表記することで、生き物、ひいては、「人物」としてのイメージを、読み手の子どもたちにしっかり定着させている手法にも注目しておきたい。

この場面を子どもたちがどのように読んだかを紹介しておこう。(1)

T　(前略)一年二くみの子どもたちがたいそうをしていると——

C　くじらがあらわれた。

T　どこに?

C　空に——。(「大きなくじら」と板書)

松崎　空になんでくじらがでる。/C　おかしいよ、いないよ。

T　そうね。そう書かれると、おどろいちゃうね。どんなようすをうかべてしまう?

田野保　海にいるくろいくじらが、空にいる。

C　しおふいている。/C　おかしいよ。(大笑)

河井　なんのくじらか、早く知りたくなっちゃう。

C　まっ白いくものくじらだよ。/C　そう、くもだよ。

T　〈まっしろいくものくじら〉、ここで、〈くじら〉の正体がみえたね。(「まっしろいくものくじら」板書)

岩村　ふわふわくじら

T　白い、ではなく、まっ白い、ですね。

C　きれい。/C　よごれていない。

C　やさしそうなくも。/C　生きているみたい。

T　このくじらぐもも、海のくじらと同じで生きているみたいね。（後略）

語り手の視点と子どもたち

くじらぐもは忽然と子どもたちの前に（上に）姿を現す。青い空を泳いで来たのではない。不思議な物語の世界の始まりである。そして、くじらぐもは子どもたちの体操のまねをする。子どもたちの立場からすると、気が付くと空にくじらぐもがいて体操のまねをしていた、ということになる。

くじらぐもはあの大きな体で、子どもたちと同じことをする。伸びたり、縮んだり、回れ右をしたり。小さな子どもたちと同じことをするのがとても楽しかったのだろう。少なくとも、それを見ていた先生と子どもたちにはそう見えた。

この教材は語り手の視点から描かれている。したがって、読み手である子どもたちは、語り手が語るままに、体操をする子どもたち、そして、そのまねをするくじらぐもを想像する。子どもたちの脳裏に、青い広い空に浮かぶくじらぐも、体操をする子どもたち、運動場をかすかに吹き抜けていく風、そんなさわやかな広がりのある大きな空間を心いくまでイメージ化させたい。前述の加藤学級の子どもたちは、「先生、上と下で　ゲームをしているみたい。」（P43）と発言している。スケールの大きい空間と楽しい雰囲気を的確に言い得ている発言といえよう。

ところで、体操をしている子どもたちは、いつ、くじらぐもに気が付くことになるのだろうか。この教材では、語り手がくじらぐもの出現を語ったそのとき、子どもたちも気づいたと考えていいだろう。「くじらも、たいそうを　はじめました」の「も」は、勿論、語り手が読み手に対して、子どもたちと同様雲も体操を始めたことを知らせる「も」だが、体操をしている子どもたちも、前述の子どもたちの読みに見られたように、自分たちと同様くじらぐもも体操を始めたことを認識する「も」と受け取るべきだろう。そうすることで、読み手の子どもたちと登場人物としての子どもたちが一体化し、読み手が登場人物に共感し、共体験しながら読む素地ができあがることにもなる。

無邪気で健康な子どもたち

「くじらも」の「も」で表現されているくじらぐもの子どもたちのまねはいくつあるだろうか。「たいそうを　はじめる」「のびたり　ちぢんだり」「しんこきゅうも　しました」「かけあしで　うんどうじょうをまわる」「ふえの　あいずで　とまる」「せんせいの　ごうれいで　まわれ右を　しました」。短い話の中にかなりの分量を割いて丹念に書いている。一つ一つを丁寧に確認して読むことで、くじらぐもがいかに子どもたちに関心を寄せているかを読み取っておきたい。そして、まねをされている子どもたちもいかにくじらぐもに興味を寄せているか、読み手の子どもたちにその立場に立って想像させることによってそれは容易に実感することができるだろう。

「あの　くじらは、きっと　がっこうが　すきなんだね。」

カギカッコの付いたこの言葉はだれの言葉なのだろうか。教科書にも、「くじらや　せんせい、子どもたちの　やくに　わかれて　よみましょう」とあるが、ここはだれが読むことになるのだろうか。渋谷孝氏は、「先生が、『くじらはきっとがっこうがすきなんだね。』と言ったわけを考えてみましょう。[2]」という発問を提案しておられるので、この言葉は「先生」になる。金杉育子氏は、教材研究の中で、子どもたちの心情と解しておられる。[3] 筆者は、子どもたちと先生の心情が一体となって言葉として表出したと考える。子どもたちとくじらぐもの行動を丹念に読むことで、くじらぐもに心を寄せていく子どもたちが浮き彫りにされる。また、だからこそ、子どもたちはくじらぐもも学校が好きなのだと確信しているのである。

中でも特に、「がっこうが　すき」という言葉に注目しておきたい。「がっこう」は、みんなで勉強したり、遊んだりする場所である。体操をまねされた子どもたちが、くじらぐもも「がっこうが　すき」と推測している。「たいそうが　すき」ではない。ここに、「たいそう」も含めて、「がっこう」それ自体が楽しくてたまらない子どもたちの姿が浮き彫りにされている。この無邪気で健康な子どもたちに共感しながら、読み手である子どもたちもまた「わたしたちも　がっこうが　すき」という思いをもって読んでほしいものである。

三　くじらぐもに乗る子どもたち

キーワード「みんな」

ここで、この教材のキーワード「みんな」を考察するに当たって、「みんな」と「子どもたち」の表記に言及しておく。「みんな」という表記が最初に出てくるのは、「1」の場面で、「みんなが　かけあしで　うんどうじょうを　まわると、」の箇所である。この場合、「子どもたち」だけでなく、「せんせい」も含めて運動場を回ったので「みんな」なのだろうが、「みんな」と表記することで、読み手である子どもたちもスムーズに教材の世界に入り込むことになる。「子どもたち」という表記が、読み手の子どもたちにとって第三者的なニュアンスがするのに対して、「みんな」は読み手もその一員に入り込めるニュアンスがある。

以下、本文は、ほとんどが「みんな」である。それは、一年二組の子どもたちと先生が共に行動しているので、「みんな」に間違いはないのだが、今述べたように、むしろ読み手の子どもたちに与える効果が大きいと言えよう。

ついでに、「子どもたち」と特定されている表記に触れておく。まず最初に、登場人物の紹介として、「一ねん二くみの　子どもたち」として登場する。後は、「くもの　くじらに　とびのろう。」と決意したとき、

「男の子も、女の子も」と表記され、また、「くもの　くじらに」乗ったとき、「せんせいと　子どもたちは」という表記になっている。どちらも、くじらぐもが、「くじら」でなく、「くもの　くじら」と表記されている箇所と一致している。これは、くじらぐもが「くもの　くじら」であることを強調し、それに乗ろうとする人、そして、乗った人を強調するためであろうが、要所要所での読み手に対する的確な確認も、イメージの拡散が阻止される意味で有効に機能しているかと思う。

子どもたちの行動の開始

体操のまねをするくじらぐもが、きっと学校も好きだと確信した子どもたちは、今度は子どもたちの方からくじらぐもに働きかける。

子どもたちは大きな声で、くじらぐもに呼びかける。「みんな」とあるのは、子どもたちだけでなく、先生も入っていることによる表現だろうが、前述したように、「みんな」という表現によって、読み手である子どもたちの参加も可能にしていると言えよう。登場人物も読み手も一体となった「みんな」である。

「みんな」の呼びかけに対して、くじらぐもは「たいそう」と同様まねをして「おうい。」、「ここへ　おいでよう。」と応える。大きなくじらぐもに向かっての呼びかけは、読み手の子どもたちにとってはやまびこを連想する者も多いかと思う。ところで、くじらぐもは子どもたちの呼びかけにまねをしているのか、くじらぐも自身の子どもたちへの呼びかけかは、見解の分かれるところだろう。「くじらも　さそいました」とあるので、勿論くじらぐも自身の言葉とも受け取れるが、子どもたちの言葉をそのまま繰り返したとも言える。しかし、その繰り返しの「ここへ　おいでよう。」が、結果的にはくじらぐもの所へ「おいでよう」とくじらぐもが子どもたちを誘っていることになる。教材としては、「ここ」という指示語が具体的にどこを指すのかを学習する格好の場面であるが、ファンタジーの世界の扉を開きかけている子どもたちには、「ここ」という言葉のもつ魔法に気づかせたい。同じ「ここ」という言葉が全く別のものを意味している驚きを体験させたい。言葉の魔法、言葉の魅力に浸らせたいところである。

いよいよ、子どもたちの積極的な行動の開始である。まず、くじらぐもに飛び乗ろうと決意する。みんなで、「手を　つないで、まるい　わに」なった。「わ」は「輪」であるが、同時に「和」でもあろう。あえて一列でなく、円い輪としたところに、キーワード「みんな」と係わりあった言葉が選択されている。「天まで　とどけ」と言って飛んではみたが、たった三十センチ程度だった。「もっと　たかく。もっと　たかく。」と言うくじらぐもの声援に応えて、今度は、五十センチも飛べた。でも、くじらぐもにはまだまだ届きそうもない。その時、一陣の風が巻き起こり、みんなを吹き飛ばす。みんなの切実な願望と真剣な行動、それを心から応援するくじらぐも、両者の願いが一つにまとまったとき、奇跡が起こった。会話を中心に繰り返し読むことによって、両者が心を一つにしていく過程を実感させたい。そして、だからこそ子どもたちには奇跡が出現したことが不思議ではなく、物語として当然の成り行きとして受け止めることだろう。気が付くと、「せんせいと　子どもたちは、手を　つないだ　まま」くじらぐもに乗っていた。円い輪になって手をつないだ者みんなが雲の上にいる。「みんな」の「わ」の成果である。

四　楽しい空の旅

げんき　いっぱい、くじらぐも　と　子どもたち

「さあ、およぐぞ。」この「3」の場面は、くじらぐものこの言葉から始まる。「ここへおいでよう。」と誘ったくじらぐもの願いがかなった。くじらぐもは「あおい　空の　なかを」先生と子どもたちを乗せて元気に進む。「うみの　ほうへ、むらの　ほうへ、まちの　ほうへ。」という表現は、元気一杯空を縦横無尽に泳ぎ回るくじらぐもの様子を彷彿とさせる。リズムがスピード感を生んでいる。「さあ、およぐぞ」「げんきいっぱい」「うみの　ほうへ、むらの　ほうへ、まちの　ほうへ」という言葉を手懸かりに、くじらぐもの心情をまず摑ませたい。

その上で、読み手の子どもたちには、くじらぐもの上に居る子どもたちと共体験させたい。くじらぐもの上でどんなことをしてみたいか、くじらぐもの旅はどんな気持ちか、それを言葉で表現するとしたらどんな言葉がいいだろう、このような言葉で読み手の子どもたちに呼びかけたい。挿絵に描かれた三十二人の子どもたちの姿は、子どもたちのイメージを助けるヒントになるだろう。

さらに、教材文には、「みんなは、うたを　うたいました。」とある。どんな歌を歌ったのだろうか、一人ひとり好きな歌をあげてみて、みんなで円い輪になって、あるいは、思い思いの格好で、その歌を次々に歌ってみるのも楽しいだろう。「空は、どこまでも　どこまでも　つづきます。」という表現は、楽しい空の旅を満喫している子どもたちの満ち足りた心情を象徴しているかのようである。

金杉氏は、「黒板にはった大きなくじらぐものさし絵の上に、自分のペープサートをはらせながら、くじらぐもに乗った子供たちになって、雲の上で話していることを発表させる。」学習計画を立てておられる。さらに、この場面のまとめとして、音読の工夫を試みておられる。それも紹介しておきたい。(4)

1　「さあ、およぐぞ。」
2　「さあ、およぐぞ。」
3　くじらはあおいあおい空のなかをげんきいっぱいすすんでいきます。
男　あおいあおい空のなかを、
女　げんきいっぱい

3　すすんでいきました。
全　すすんでいきました。
4　うみのほうへ、
全　うみのほうへ、
5　村のほうへ、
全　村のほうへ、
6　町のほうへ、
全　町のほうへ、
7　すすんでいきました。
全　すすんでいきました。
8　みんなは、うたをうたいました。
全　うたいました。
9　空は、どこまでもどこまでもつづきます。

また、「あれ、海が見えたよ。海に何かたくさん見えるね。何だろう。」という発問に、子どもたちは次のように発言している例もある。(5)

C　魚が泳いでいる。
C　海岸がきれいだね。
C　くじらも見えるよ。くじらさんと話をしようよ。

C　亀がいるよ。
C　ヨットが見えるね。
C　魚のうろこまで見えるよ。光って、きれいだね。
C　灯台が小さいね。波が次次に押し寄せてきれいだね。
C　釣りをしている人もいるね。

五　くじらぐもとの別れ

願いは叶う

先生が腕時計を見て、「おや、もう　おひるだ。」と言って、「おどろく」。先生も時間を忘れて空の旅を満喫していたのだろう。ふと、気が付くともうお昼になっていた。くじらぐもはここでは極めて冷静である。先生の言葉を聞いて、「では、かえろう。」と、回れ右をして学校へ向かう。くじらぐもも子どもたちとの空の旅を十分楽しんだので、満足したのだろう。

子どもたちが空の旅の名残を惜しんでいるうちに、もう学校の屋根が見えて来た。くじらぐもはジャングルジムの上に、みんなを降ろす。挿絵を見ると、学校は三階建ての校舎のように見える。その屋上ではなく、運動場のジャングルジムまでくじらぐもは下りてきて、子どもたちを降ろしたのである。くじらぐもはいくらでも地上に近づくことができたのだ。しかし、最初は、ジャングルジムまで下りて、子どもたちを乗せなかった。乗せたい願い、乗りたい願い、その願いが叶うよう、お互いに心を合わせることによって願いは成就する。何事にも相互に試される試練のときが存在する。それを乗り越えた関係の中でこそ不可能も可能になった。
さよなら、さよなら、くじらぐも
最初の場面で忽然と姿を現したくじらぐもは、今度はみんなに見送られて、元気よく空の中へ帰って行った。「げんき　よく」には、くじらぐもの満足感が感じられる。悠然と「あおい　空の　なかへ　かえって」行くくじらぐもを見送る子どもたち。彼らもまた充実感に浸りながらくじらぐもを見送り、しばらくの間楽しかった旅の余韻を楽しんでいることだろう。
そして、読み手の子どもたちもまた満足して、楽しかった物語の世界を、頭の中にくっきりとイメージ化することだろう。(6)授業ではお互いにそのことを話し合わせたい。原田学級の子どもたちは、次のように話し合っている。
T　さようなら、とっても楽しかったなあ、と言っているようだね。楽しかったもんね。それじゃ、どうしてこんなに楽しかったんだろうね。
慶典　どうしてこんなに楽しかったかというと、それは、最初は心が通じ合っていなかったけれど、最後は心が通じ合ってきたから楽しかったと思います。
翼　いっぱい遊んだからだと思います。
T　力いっぱい遊べたからね。どういうふうに力いっぱい遊べたの。
直也　くじらぐもと子どもたちが、よびかけたりして、くじらと子どもたちが慣れて、いっしょに遊んでね。だから慣れて楽しくなったと思います。
由紀　みんなといっしょに力いっぱい全員で遊んでね、くじらと子どもたちが心を通じ合ってね、そして、くじらが途中で帰ろうとか言わないで、子どもたちを楽しませてやったから。

誠　くじらが、みんなのせたらきついのに、きついとか言わんでね、やさしくのせてくれたからだと思います。

（以下、子どもたちの主な発言を拾ってみる。）

貴至　子どもたちとくじらが、どうして楽しいことができたかというと、子どもたちが一生懸命くじらぐもに飛び乗ろうとがんばってね、くじらぐもは子どもたちを応援してくれたからね、楽しくできたと思います。

由喜　最初、子どもたちがくじらに乗るときに応援して、子どもたちもやっとがんばって、くじらが乗せてやって、その時にやさしく楽しませてやったりしたからです。

こんな話し合いができたらと思う。

【注】

（1）加藤憲一「小学校低学年の文芸の授業」（西郷竹彦・責任編集「文芸教育　32」（一九八一・五　明治図書）P41

（2）渋谷孝・市毛勝雄編『授業のための全発問　文学教材第1巻』（一九九一・三　明治図書）P75

（3）金杉育子「音読を取り入れた場面の様子を生き生きと想像させる」（浮橋康彦・深川明子編著『新版国語実践指導全集　第4巻』一九九二・四　日本教育図書センター）P55

（4）注（3）に同じ。P59

（5）注（2）に同じ。P93

（6）原田達夫「『くじらぐも』の授業」（西郷竹彦・責任編集「文芸教育　55」一九九一・四　明治図書）P54〜55

所感交感

くじらぐも——空白の満たし方

阿毛　久芳

深川明子氏の論は子どもたちとくじらぐもとの関係に周到に焦点を当て、場面へ感情移入させるように授業実践がなされていることが理解できるものであった。「登場する子どもたちの気持ちの原点」と「読み手の子どもたちの実感」との結び付きの大切さが強調されている。

「子どもたちの脳裏に、青い広い空に浮かぶくじらぐも、体操をする子どもたち、運動場をかすかに吹き抜けていく風、そんなさわやかな広がりのある大きな空間を心いくまでイメージ化させたい。」という氏の願望は、共感をもって読むことができた。

ただ「この教材は語り手の視点から描かれている」という視点に関しては、その視点の質を問題にしてもよいように思えた。

子どもたちの動きのまねをするくじらの動きには、たいそうをする子どもたち自身の身体感覚と眼差しの躍動感が織り込まれているのではないか。描き出された空の〈くものくじら〉の動きは、フラットなイメージではないように思われる。「くじらぐもも」の係助詞「も」によって示された〈くじらぐも〉の同化的な動きを、私はそのように受けとった。
だから「あの　くじらは、きっと　がっこうが　すきなんだね。」という言葉は、まず〈くじら〉の動作を感受したたいそうする子どもの心情の表出としてあるとともに、子どもたちの身体感覚と目線を理解している先生が同感できる心情の言葉としても受けとられる。その点で、深川氏の「子どもたちと先生の心情が一体となって言葉として表出した」という意見に同感できる。先生は子どもたちとともにくものくじらに乗ることさえできるのだから。

本文では〈くじらぐも〉の上での子どもたちの会話や歌った歌の名前は空白になっている。また、うみやむらやまちへすすむ〈くじら〉の上から見て「どこまでも　どこまでも」つづく空も、空間的な空白として、子どもたちの視野に広がっている。それらの空白は読む子どもたちの住んでいる自然や生活環境によって千差万別に埋めることが可能なのである。

くじらぐもの上でなにがしたいか、くじらぐもの旅の気分はどうか、どんな歌を歌ったか想像し好きな歌を歌ってみよう。「あれ、海が見えたよ。海に何かたくさん見えるね。何だろう。」といった実践報告での発問が成立し、イマジネーションを喚起するのも、この空白があるからだろう。

この『くじらぐも』の楽しさの理由を、くじらぐもと子どもたちの心が通じ合ったから、いっぱい遊んだから、くじらがきついといわないで、やさしく乗せてくれたから、くじらが子どもたちが乗るのを応援し、やさしくたのしませてやったからというのも、その空白を解放区として味わったことによるのであろう。

空の中へ帰って行く〈くじらぐも〉と見送る子どもたちの心情を、充実感、満足感と締めくくって氏はとらえているが、「では、かえろう。」といった〈くじら〉の言葉以降の子どもたちの沈黙の、空白の満たし方によっては、結末に夢から醒めたような幾分かのもの足らなさ、別れの淋しい気分の陰影を加えることは可能なように思える。

『ぐりとぐらとくるりくら』（一九八七・四　福音館書店）では、はるのあさ、「なんだか　わくわくする」「なんだか　うれしくて、じっとしていられない」ぐりとぐらが、あさごはんをたべにでかけたはらっぱで、〈てながうさぎの　くるりくら〉に出会う。「はるかぜ　そよかぜ　ぐりと　ぐら　とびたい　はねたい　おどりたい」と歌い、くるりくらにつかまって、木にのぼり、「くもにのりたいなあ」という望みを、くるりくらがくもをあつめてつくったボートにのることで実現させるという場面がある。またくるりくらのてながは、おまじないたいそうをしてなったのであり、「いち　に　さん　し」と、たいそうをすると、もとのうさぎにもどったりする。『くじらぐも』の子どもたちの「天まで　とどけ、一、二、三」というかけ声もおまじないのようなものだったのであろう。ぐりとぐらの「とびたい　はねたい　おどりたい」という欲求は、おかあさんのアドバイスでなわとびによって、春風の中で満たされる。この「〜したい」という欲求や願望を抑圧することなく、むしろ創造的に発見させる手立て（〈なわとびのなわ〉に当たるもの）が、求められてもいるのだろう。

所感交感

豊かに広がる『くじらぐも』の世界

深川　明子

大変分かりやすい文章で、何の抵抗もなく、すらすらと読み終えた。ほとんど同感、共感しながら、楽しく拝読したというのが実感である。阿毛先生はご論稿の中に、『にほんご』や、中川李枝子さんのエッセイ『本・子ども・絵本』『絵本と私』と、作品からは、『おひさまはらっぱ』『いやいやえん』を、その他には、『風の又三郎』『ジルベルトとかぜ』を引用しておられる。これらは、いずれも日頃から私も親しんでいる書であるが、『くじらぐも』の世界との関連について的確に解説しておられるので、『くじらぐも』の世界が豊かに深く広がっていったように思う。

特に、風に関する考察には興味を惹かれた。中でも、「ジャンプする高さが伸びたのは、『くもの　くじらに　とびのろう。』とする子どもたちの一致した決意が、一回目より二回目の方が強まったことを表しているとともに、身体の重力感から子どもたちが解放されていく度合いをも示している。」の、「身体の重力感から子どもたちが解放されていく」という表現が最も心に残った。「くもの　くじらに　とびのろう。」と決意した子どもたちは、身体の重力感から解放されつつあったからこそ、いきなり吹いて来た風によって「くも

の　くじら」に乗ることができた。それは読み手の子どもたちにも違和感なく自然に受け取られることであろう。これは勿論、読み手がファンタジーの世界に入り込んでいくための作者の周到な叙述によるものであるが、阿毛先生の考察によって、「重力感から解放」されつつある子どもたちのイメージがより鮮明になった。

この場面は、一陣の風によって、「現実から空想」の世界へ「すっと入っていく」。阿毛先生は、「その〈すっと〉移るたやすい感触が、中川李枝子の童話自体にはある」と述べておられる。そして、宮沢賢治の、『風の又三郎』を引用しておられるが、この場面では、『注文の多い料理店』の二人の紳士が、異次元の世界に入っていくことを想像した者も多いかと思う。

＊

阿毛先生のご論稿の中で、私が気に懸かった所が一か所だけあった。それは、教材の最後の場面であるくじらぐもが帰る所である。教材文は、「くもの　くじらは、また、げんき　よく、あおい　空の　なかへかえって　いきました。」とある。この文に対して、阿毛先生は、「くじらは、あおい　あおい　空の　なかを、げんき　いっぱい　すすんで　いきました。」と比較して、「いっぽう一頭になってしまったくじらは、元気だが、その元気は一杯ではない、空の中へ帰るという方向性も、くじらの形をした雲が変形し消える動態を暗示している（むろん雲はいつでもまた新たに現れる）。」と書いておられる。しかし、この文は、子どもたちと一緒に空の散歩を楽しみ、その余韻を味わいながらゆっくり帰って行く姿なのではないだろうか。もちろん対比した文と比較すると、スピード感は劣りダイナミック性に欠ける。しかし、それは「くじらぐも」自身が、空の散歩を満喫した余韻に浸っているからではなかろうか。

＊

阿毛先生は、最後に授業に触れて、「授業自体を〈ごっこ遊び〉にしてしまうこと」を提案しておられる。

私には、それが具体的にどのような授業になるのかイメージできなかった。阿毛先生は、「『くじらとり』にあった奔放な〈ごっこ遊び〉はないかのようなのだが、実は『くじらぐも』を教室で『皆で心を一つにし、声を合わせて読む時』、心の世界で言葉を自ずから身体の躍動感として感じ取り、子ども自身がこの作品の余白を埋め合わせて行く作業する時、子どもたちは〈ごっこ遊び〉の延長の中にいるといえるのではないだろうか。」と書いておられる。「子ども自身がこの作品の余白を埋め合わせて行く作業」とは、どのような作業なのか、それによって、「子どもたちは〈ごっこ遊び〉の延長の中にいる」ということは、「授業自体を〈ごっこ遊び〉にしてしまう」と、どのような関係になるのか、理解できなかったからである。そこをもう少し詳しくお聞きすることができたらと思った。

HISTORY＆DATA●くじらぐも

作品DATA

［出典］　光村図書発行の小学校国語科用教科書のための書きおろし。

［初出］　石森延男著『しょうがく　しんこくご1年生』（昭和46　光村図書）

［教科書への掲載］　光村図書＝昭和46→平成12

作家DATA

［作者］　中川李枝子（一九三五―　）北海道札幌生まれ。東京都立高等保母学院卒業。幼少期より、「岩波少年文庫」をはじめ、多くの本に触れて育つ。高等保母学院在学中から、児童文学の同人誌「麦」に参加。卒業後も、都内世田谷区で保母の仕事をしながら、雑誌「いたどり」の同人として創作に励む。「いたどりシリーズ3」に発表した『いやいやえん』（挿絵は、実妹の大村百合子）が六二年に福音館書店から出版されると、NHK児童文学奨励賞・サンケイ児童出版文化賞・児童福祉文化賞（厚生大臣賞）などを受賞した。『いやいやえん』は、保育園に通ういたずらっ子「しげる」の日常をユーモラスに描く短編連作で、山の子ぐまが保育園にやってきたり、山登りで鬼の子に出会ったり、だれもが好き勝手に過ごす不思議な保育園「いやいやえん」に連れていかれたりする愉快な作品である。このように、中川の作品は、自身の保育の現場経験を生かして空想や遊びに満ちた幼児の日常をユーモラス描き出す。そこが、幼児や母親に歓迎された。その後、絵本『ぐりとぐら』（六三　福音館書店）のシリーズでも、大村百合子の絵とともに人気を得た。ほかに、『かえるのエルタ』（六四　同）、『らいおんみどりの日ようび』（六九　同）、『森のおばけ』（七八　同）など、愉快な動物の登場する物語がある。また、夫である中川宗弥との『ももいろのきりん』（六五　同）、『こだぬき6ぴき』（七二　岩波書店）なども、多くの読者をもつ。

参　考

『くじらぐも』について書いた文章の中で、中川は、戦争中でもあったため、小学校六年間に三回も転校し、新しい学校になれるまで、「よく校庭に出て空を眺め、別れた友だちや先生を思い出し、空の上で体育をやったら日本中の小学生が一緒になれるだろう。」と想像した、といっている。（『小学校国語学習指導書　1年下』平成12　光村図書）

たぬきの糸車

岸　なみ

秋枝　美保／竹内　隆

『たぬきの糸車』における女性の意識の統合について

秋枝　美保

この物語は、樵のおかみさんが山小屋で糸車を回しているところをのぞき見したたぬきが、冬に樵夫婦が小屋を留守にしている間に糸車を回して糸を紡いでおき、春になって再び山小屋に来たおかみさんを驚かせるという動物報恩譚である。作者岸なみ氏の再話になる伊豆の民話に取材した物語（『日本の民話4　伊豆の民話』(1)所載）であるが、日本の民話全般に共通するポピュラーなモチーフを持ちながら、通常のストーリーとは異なったあり方を示しているように思われ、興味深い物語である。

河合隼雄は『昔話と日本人の心』(2)の中で、『見るなの座敷』の分析を通して、西洋の物語と日本の物語を比較し、西洋の物語が「それ自身がひとつの完結された形をも」っているのに対して、日本の物語は、「むしろそれ自身としては完結していないように見えながら、その話によって聞き手が感じる感情を考慮することによってはじめて、ひとつの完成をみるものとなっている」と述べている。具体的には、西洋の物語が、最終的に結婚や英雄の冒険といった完結性を持つのに対し、日本の物語では、女性と男性の結婚はついに起こらず、男性がそのタブーを犯したとき、女性が突如消え去るというところにあると。そして、女性が消え去り、そこに「あわれ」という感情が喚起されることによって、物語がある完成をみるというのである。

『たぬきの糸車』は、たぬきと人間のおかみさんとの、異類同士の出会いを描いた物語ともいえるが、この『見るなの座敷』も、最後には「女性」が「うぐいす」になって去っていくのであり、一種の異類の出会いと別れを描いたものである。この異類同士の出会いの物語で最もポピュラーなのは『鶴女房』であるが、これは男性がやはり異類の女性へのタブーを犯したために異類の女性が去っていくというものであり、河合の指摘する「あわれ」の物語の典型と言えよう。

だが、これらの物語と比べて、この『たぬきの糸車』には、河合が言うような「不完結性」に伴う「あわれ」の感じはない。物語の末尾では、たぬきが冬中かかって紡いだ「白い糸のたば」が「山のようにつんであった」とあり、また、たぬきが糸を紡いでいるところを「おかみさんがのぞ」き、その「おかみさん」に気付いたたぬきが「うれしくてたまらない」というようににげていくところで終わっている。その輝くような糸の山と、「たぬき」と「おかみさん」の幸福な心の通い合いが、豊かな贈り物のように残されているのが印象的である。そこには、西洋の物語とは異なるニュアンスではあるが、物語に一種の完結性があるといってよい。その完結性とはどんな形をしているのであろうか。共通のモチーフを持つ他の物語と比較しながら、この物語が開示する世界について考察してみたい。

さて、この物語の核をなすモチーフは、糸車を回す女性であるが、これは、日本の伝承文化の中にかなり広く登場するポピュラーなものである。これについては、すでにいくつかの言及がなされている。河合も前掲書でこれについて注目している。その中でも『日本昔話大成　7』(3)所載の二五三C『山姥の糸車』は興味深い。これは、いずれも猟師（鉄砲撃ち、あるいは木挽き）が山奥の木の上（木の根、橋のたもとの一軒家、谷間のお堂等）で白髪の老女（美女）が糸を紡いでいるのを、化け物と思い撃ち殺すが、その後に老女（美女）の正体と思われる生き物が死んでいるのを見いだすというものである。これらの物語で興味深いのは、糸車を回しているものが、屈強の男も恐れる山の化け物だということである。

河合は、この「糸車」、また「糸」について、糸を繰り出すということで「蜘蛛」のイメージと共通したところがあることを指摘し、蜘蛛の糸が「生物をからめ取る」ものであって、そこにある否定的なイメージがあること、また「空中に糸を張りめぐらすことが、イマジネーションを心の中に描き出す」ということと関わり、これも「肯定・否定の両面」を持つと述べている。蜘蛛が糸を紡ぐことは、織物とも結びついているといい、ギリシャ神話の、機織りの得意な女神アテーナーと、同じく機織り自慢で女神に勝負を挑んで負け蜘蛛に変えられたアラクネーを挙げて、その両者を女性の肯定的な面と否定的な面として解釈している。つまり、糸、及び糸を紡ぐという行為を女性、特に母性の肯定的・否定的両面の象徴だとしている。その両面というのは、周知のように「自我を養い育てる母」としての側面と「自我を呑み込み、もとの混沌へと逆行せしめる恐ろしい母」としての側面であり、一般的に「太母《グレートマザー》」と称されるイメージを指している。『山姥の糸車』の「山姥」がその一類型であることはいうまでもなかろう。

その糸のイメージを最もよく表すものとして河合が挙げているのが、柳田国男『山の人生』(4)に登場する「山姥のヲツクネ」なるものである。鬼の子の誕生にまつわる伝説の中に出てくるもので、これを拾ってしばらくして鬼子をはらみ、さらに拾った本人は物持ちになったという。「ヲツクネ」というのは、「方言で麻糸の球のこと」で、「使っても使ってもなくならぬ」「尽きぬ宝」であるという。その他、糸は三輪山伝説にも登場し、村娘に会いに来る男性が沼の蛇であり、神であることを知らせるのは、男性の着物の端に針で縫いつけた糸であった。これらの物語を見ると、糸はこの世と神の世をつなぎ、コミュニケーションを開くものとも言えそうである。

それにしても、『山姥の糸車』は、気味の悪い物語である。これは、『たぬきの糸車』における牧歌的な「糸車」回しの風景とは異質なものであるが、二つの風景の関係はどうであろうか。そして、『たぬきの糸車』の独自性はどこにあるのだろうか。二つの物語を比較してみる。

まずは、物語の冒頭に二つの物語の基本的な違いが見えている。そこにあるのは、日常世界と異世界との関係性の違いと言えばよいであろうか。まずは「糸車回し」の様子を描写する表現の違いである。

1　『たぬきの糸車』

ある　月の　きれいな　ばんの　こと、おかみさんは、糸車を　まわして、糸を　つむいで　いました。

キーカラカラ　キーカラカラ

キークルクル　キークルクル

2　『山姥の糸車』

あるとき暗くなって山道を帰ると、向こうの木の上で八十ばかりの白髪婆が行燈をつけて糸を紡んでいた。

まず大きく異なっているのは、明かりの質である。『山姥の糸車』において、暗い山道の中、「行灯」の明かりで浮かび上がる白髪婆の姿は鬼気迫るものがある。この設定が、橋のたもとの一軒家で蠟燭の火で婆が糸を紡ぐという場合もあり、また、美女の場合もあるが、この明かりはこの魔物の命そのものであるらしく、婆そのものは撃っても死なないのだが、この明かりを撃つと婆が倒れたという。行灯の明かりも、糸車回しも、この世ならぬ魔物の命の具現と考えられる。これら昔話の主人公の男達は、夜の闇の中でこの行灯や、蠟燭の明かりに照らし出される山姥と糸車の姿に、一様にただならぬものを感じ、鉄砲で撃つという攻撃の姿勢に出ている。そういった場面の非日常性の中で、河合の言うような「糸車」を回すこと自体のまがまがしさがそれとなく感受されることになっており、それが物語の冒頭から男達の恐怖を駆り立てるのだと考えられる。

このように、『山姥の糸車』における「糸車」は、いずれも「太母」の否定的な側面を表すと考えられる。これに対して、『たぬきの糸車』の場合はどうだろうか。こちらの方では、糸車のイメージを表す物としてオノマトペが重要な働きをしていることが注目される。この「キーカラカラ、キークルクル」という音はどのような音と言えばよいだろうか。『山姥の糸車』においては、糸車の回る音を表現している話型はひとつしかない。それは次のようになっている。

若者が夜撃ちに行くと、女がぐんぐんぐんやと糸を引いている。若者は恐ろしくなって逃げ帰る。

「ぐんぐんぐんや」というのは、重い糸車が空気を押しのけて激しく回っている様子であろう。そこには、まがまがしい程の力強さが感じ取られ、これが若者の恐怖を駆り立てる原因となっている。

これに比べると、「キーカラカラ、キークルクル」というのは軽い音である。「キー」というのは車がきしむ音で、回す力の弱さや遠慮がちな回し方を想像させる。「カラカラ、クルクル」というのは、車にかかっている糸の軽さを思わせる。そして、「キー」という長音をはじめに持ってくることで、糸車の回る速度が緩慢であることを示している。『たぬきの糸車』において「糸車」は、おそらく極めてゆっくりと、少しずつ糸を紡ぎだしているのであろう。それは、人間の作業の速度を示し、糸車の日常的な姿を強く感じさせる。

その中で、この場面に非日常的な雰囲気を与えているのは、「月のきれいなばん」という場面設定である。

この月の光のただならぬ澄明さが、この物語の非日常的な空間を開くことになっている。その月明かりの中、物語は次のステージに展開していく。

ふと　気が　つくと、やぶれしょうじの　あなから、二つの　くりくりした　目玉が、こちらを　のぞいて　いました。

糸車が　キークルクルと　まわるに　つれて、二つの　目玉も、くるり　くるりと　まわりました。

そして、月の　あかるい　しょうじに、糸車を　まわす　まねを　する　たぬきの　かげが　うつりました。

おかみさんは、おもわず　ふき出しそうに　なりましたが、だまって　糸車を　まわして　いました。

この場面は、おかみさんとたぬきという異類同士の出会いを描いている。ここから物語内の現実世界と異世界とのコミュニケーションが開けていくわけである。これは、昔話の重要な展開の一段階であり、通常はその二つの世界の境界を乗り越える際に特殊な設定がほどこされて、その境界の越えがたさが表現されているものである。たとえば、浦島太郎は亀を助けることによって初めて竜宮城へ行けるのだし、またそこから「玉手箱」をあけて年をとるということなしには真に現実に帰ることは不可能だということになっている。

ところが、『たぬきの糸車』では、障子を隔てて二つの世界は視覚的につながっており、異世界への通路は極めて日常的な空間に自然に姿を現している。月の明かりに照らし出されたたぬきの影と、障子の穴からのぞくたぬきの「目」という形で。障子を隔てたこのコミュニケーションは、日本の座敷を舞台とする伝統的な物語の中で繰り返されてきたオーソドックスなコミュニケーションのあり方だと言ってよい。日常的な空間であるにも関わらず、ここで異世界への通路を開くことを可能にしているのは、ひとえにその月明かりの神秘性と障子だと言えよう。

ここまで読んでくると、二つの物語の違いが明確に見えてくる。現実世界と異世界との関係性の違いである。『山姥の糸車』においては、現実世界の住人である男達の前に、突如異世界がその異様さ（女性の否定的な側面）を現すのであり、男達はその異様さと対決し、それをうち倒してしまう。物語は、その対決の様子と、化け物が如何にしてうち倒されたかを描くところに中心があるといってよい。つまり、異世界が現実世界の秩序の前に屈服したということである。これは、河合が言うところの西洋的な物語の結末に近い。いわば後に結婚が続かない、英雄による魔女の退治のみという話型である。

ところが、『たぬきの糸車』においては、糸車を回す女性は現実世界にいるのであり、それを異世界の住人である「たぬき」が見るのである。『山姥の糸車』とは、現実世界と異世界の関係が逆転していると言える。これについては、もう一つ重要な違いがある。『山姥の糸車』で、山姥を撃ち落としたときに山姥の正体が分かるのだが、その正体が「狸」、および「古狸」、「大狸」、「狢」、「古狢」だという話型が、紹介されている十二の話型の内、七つもあるのである。その他、「大蜘蛛」、「狒狒」、「フクロウ」といった、妖怪的な生き物たちがそこに登場している。このように、『山姥の糸車』においては、「山姥」、「狸」、「化け物」は結局一つのものである。「山姥」、「狸」は一体化して、女の否定的側面を表していると考えられるが、『たぬきの糸車』においては、「女性」と「たぬき」は現実世界と異世界とに分裂してそれぞれ登場しており、そこでは「女性」や「糸車」についての否定的な側面は払拭されている。その中で、男である樵の亭主は「たぬき」にわなを掛けて始末しようとするのだが、おかみさんがそれを助ける。その後男は登場せず、『たぬきの糸車』は、もっぱらその「女性」と「たぬき」の間のコミュニケーションを描く物語となっていく。これは、おそらく女性自身の心の中に起こるドラマを描いた物語であろう。また、『山姥の糸車』が化け物退治の物語だとすると、『たぬきの糸車』は動物報恩譚である。

そこで、『たぬきの糸車』において「たぬき」がしたことは何だったのか、ということが問題である。ここで「たぬき」は、障子の穴から二つの目玉をのぞかせて、おかみさんが糸車を回すのを「見る」のである。障子の穴からのぞく二つの目玉は印象的であり、「見る」という行為の重要さを思わせる。物語の後半では、たぬきはおかみさんをまねて糸車を回し、それを今度はおかみさんが「見る」のである。この物語のコミュニケーションは、お互いにお互いの姿を「見る」ということで成り立っているといえよう。それは、昔話『見るなの座敷』の逆転ではなかろうか。

河合は昔話を、「単層的な様相」を示す現実の「表層」が突き破られ、「深層構造が露呈される」現場を語るものだという見解を述べている。そして、「現実の多層性」とは、「人間の意識構造の多層性」であり、また、「それまで意識されず何かのときに意識化される可能性をもつ層を無意識と呼ぶならば、意識・無意識を含めた心の多層性」だと述べている。つまり、「現実の多層性」について物語るのが「昔話」であるならば、それは「人間の心の深層構造を明らかにするもの」だという。

これらの考え方を前提としたとき、『見るなの座敷』は「文字どおり簡単には見ることの出来ない、人間の心の深層を表すものであろう」という。そして、日本の昔話における『見るなの座敷』の代表として『うぐいすの里』を例に挙げながら、日本の話型の特徴について考察している。野中の森で今まで見かけたことのない立派な館を見つける若い樵夫という設定は、「日常的な空間からやってきた男性が、非日常的な空間に出現してきた美女に会う」というパターンそのままであり、人類に普遍的に存在する物語の型である。そして、『うぐいすの里』における男女の出会いの特徴を次のように述べる。日常空間からやってきた男性が野中で出会った見知らぬ館は日常と非日常の「中間帯」であり、『見るなの座敷』こそが「非日常の空間」であると。そして「中間帯」で出会った二人は、女が出かけることによって直ぐに別れ、再び女が戻ってきたときには既に二人の仲は破局に到っていて、それぞれ元いた空間に戻っていく。そこには、瞬間的な遭遇の後、永遠に別れてしまう、極めて儚い出会いしかないことを示している。

そして、日本の話型の特徴が禁を犯された女が消え去るところにあることを述べ、女が消える理由として、そこに「恥」を見られたという「恨み」があるからだと述べている。『見るなの座敷』は、女性性の否定的な側面を指すと言えるが、それは男性に見られることによってその否定性を露わにすると考えられる。そしてそのために、女性は去っていくのであり、女性の側からすれば、男性との出会いは、悲しい自己確認しか残さないのである。

これと比べると、『たぬきの糸車』は、ほっとするような明るさに満ちている。その原因は、女性にとって自らを見る者が誰かが分からないというところにあるのではなかろうか。糸車を回しているところを見たのは、「やぶれしょうじのあなから」のぞく「二つのくりくりした目玉」のみであって、その見る者の正体は女性からは露わには見えないことになっている。そして、そのとき見られた自己の姿は、障子に映る、糸車を回すまねをする「たぬき」のシルエットとして確認される。そのシルエットを、女性は「いたずらもんだが、かわいいな」と受け入れるのである。そのたぬきの姿が女性自身の姿であることは間違いない。月明かりに照らされた障子は、ちょうど自己の姿を映し出す魔法の鏡であり、その魔法を実現したのは、「たぬき」という異類の者の視線である。そのシルエットの「かわいさ」は、その異類の者の無邪気さの反映であり、それは日常世界の現実とは異なる世界に暮らす者の無垢からきていると考えられる。その無垢なまなざしに捉えられた女性自身の姿は、女性に幸福な、充足した自己確認を与えているといえる。

この場面のもう一つの特徴は、河合が指摘した『見るなの座敷』という非日常の空間がないことである。「おかみさん」と「たぬき」が出会う座敷は、日常空間と接続した「中間帯」に属している。そして、その障子を通して行われるたぬきとおかみさんとのコミュニケーションは、河合の言うような「心の深層世界」に女性を対面させるというやりかたではない、別の自己確認を女性に開いているのである。この障子を媒介とする異次元の世界とのコミュニケーションは、深層という深みに降り立つ西洋的な精神文化の持つ方法ではなく、飽くまで平面的な視線の移動によって新たな世界を開いていく日本的な精神文化の可能性を示す重要な方法だと考えられる。そして、ここに繰り広げられる女性の自己確認は、語りの中に巧妙に設定された視線のドラマの過程で実現されると言える。

こういった視線のドラマは、現象学者をはじめとして、映画、絵画、文学等の芸術批評の中でさかんに注目されてきた重要な着眼点である。その理論的な基盤を作ったのはメルロ・ポンテイの『眼と精神』(5)であろう。その中では、「私」というものの現実のあり方について、次のように述べられている。

私の動く身体は目に見える世界に属し、その一部をなしている。だからこそ、私は自分の身体を〈見えるもの〉(le visible) のなかで自由に動かすことができるのだ。他方また、視覚が［身体の］運動に依拠していることも事実である。見えるのは、眼なざしを〈向けている〉ものだけなのだ。［中略］私の位置の移動はすべて、原則として私の視野の一角に何らかの形で現われ、〈見えるもの〉の地図に描き込まれる。そして、私の見るすべてのものは、原則として私の射程内に、少なくとも眼なざしの射程内にあって、「私がなしうる」(je peux) ことの地図の上に定位されるのだ。この二つの地図は、いずれも完全なものである。つまり、見える世界と私の運動的企投の世界とは、それぞれに同一の存在(Être) の全体を覆っているのだ。

つまり、われわれの運動は、見るという行為との自然な連続によって初めて可能だということである。「私の運動は視覚の自然な継続であり、成熟である」とも言い換えられている。

そういった「私」のあり方について重要視されているのは、「私の身体が〈見るもの〉であると同時に〈見えるもの〉だ」ということである。そのことは、「私」とは何かという問題に、次のような卓抜した見解を開く。

私の身体は見ている自分を見、触わっている自分に触わる。私の身体は自身にとっても見えるものであり、感じうるものなのだ。それは一個の自己である。ただし、それは何であれその対象を同化し、構成し、思考［内容］に変えてしまうことによってしかものを考えようとしない〈思考［作用］〉のように、透明さによって一つの自己となるのではない、――それは混在やナルチシズムによって、つまり〈見るもの〉の〈見られるもの〉への、〈触わるもの〉の〈触わられるもの〉への、〈感ずるもの〉の〈感じられるもの〉への内蔵によって一つなのであり、――それ故、物のあいだに取り込まれ、表と裏、過去と未来――……とをもつ一つの自己なのである。

こういった捉え方をしていくと、「見るもの」としての「私」は、「見られるもの」としての周囲の現実から孤立しているのではなく、そこに「内蔵」され、「取り込まれる」ことによって、開かれてあるということが見えてくる。そこでは、自分が見ているものは、「おのれの見る能力の裏面」として認識される。

そう考えていくと、「おかみさん」に「見えてきた」「目玉」、ひいては糸車を回す「たぬき」のシルエットは、「おかみさん」自身の「見る能力の裏面」を指しているのであり、女性の肯定的な自己像の顕現の一つの形として考えられてくる。「おかみさん」と「たぬき」は、女性のナルチシズムによって現れてきた、表と裏の自己の両面とも言えるかも知れない。「たぬき」のシルエットは、まさしく女性にとっての〈外なるものの内在〉であり、〈内なるものの外在〉であるといえる。それを見ることを可能にしたのが、「障子」という一種の鏡、すぐれたスクリーンの装置であったということになろう。

その自己の動態を、『眼と精神』においては、印象的なイメージによって、次のように述べている。

> 人間の身体があると言えるのは、〈見るもの〉と〈見られるもの〉・〈触るもの〉と〈触られるもの〉・一方の眼と他方の眼・一方の手と他方の手のあいだに或る種の交差が起こり、〈感じ―感じられる〉という火花が飛び散って、そこに火がともり、［中略］その火が絶え間なく燃え続ける時なのである。

「おかみさん」と「たぬき」の視線のやりとりは、ちょうどそういった女性の内面の〈見るもの〉と〈見られるもの〉との交差の瞬間を描いていると言える。

さらに、『眼と精神』においては、その「働いている現実の身体」を最も明確に具現するものとして、「その身体を世界に貸すことによって、世界を絵に変える」という画家の身体を挙げ、それを奇しくも「視覚《ヴィジョン》と運動との縒り糸であるような身体」と表現している。『たぬきの糸車』において、この視線のドラマは、「おかみさん」が糸車を回しつつ、また、「たぬき」もそのまねをして糸車を回しつつ行われるのであり、そこで繰り出される「糸」は、「おかみさん」＝〈見るもの〉と「たぬき」＝〈見られるもの〉の交差した、現実の「おかみさん」の身体の本質を具現する証しといった意味合いを持つといえよう。

そういった女性の内面のドラマの進行の中で、『たぬきの糸車』においては、『山姥の糸車』の物語を主導した男性の視線はどのような位置にあるだろうか。まず、あの「おかみさん」と「たぬき」の幸福な視線の合致は、いったん亭主のしかけた罠によって絶たれそうになる。だが、罠にかかった「たぬき」を「おかみさん」が助けることによって、物語の終焉につながる新たなステージが用意されることになっている。『たぬきの糸車』においては、「糸車回し」の否定的な側面を引き出す男性の視線は、このように女性自身の手によって乗り越えられることになっている。

そして、物語の後半では、冬再び山小屋にやってきた樵夫婦の眼の前に「山のようにつんである」「白い糸のたば」があった。そして、「おかみさん」は、「たぬき」が「糸車」を回すのをのぞき見する。そこにはもはや障子の視線のトリックはなく、「たぬき」のいる座敷が非日常の空間になっていることは間違いない。その場面の構造は、限りなく『見るなの座敷』に近い。あるいは『山姥の糸車』における山姥（正体は狸）の糸車回しの場面に近い。『鶴女房』の、機織りをしている鶴というシチュエーションにも近い。異なるのは、それを見ているのが男性ではなく、女性だということである。

そこに見えたものは、日々の女性自身の日常的な作業の、たぬきによって行われる整然とした反復の様子である。「たぬき」は「じょうずな手つき」で糸を紡ぎ、紡ぎ終わると、「いつもおかみさんがしていたとおりに、たばねてわきにつみかさね」た。それは、「おかみさん」自身の、過去から未来に渡る生の本質的な姿の肯定的な確認ではなかろうか。「たぬき」の反復によってなされたことは、結局「山姥」に代表される「太母」的な女性性の否定的な側面に、日常的な秩序が与えられたことではなかろうか。河合隼雄は、前掲書の結論部において「内部に矛盾を内包させるものとして、女性の意識は統合することがむつかしい。」と述べているが、これがまさしく河合のいう、困難とされる「女性の意識の統合」の一つの形を示しているものといえる。

それは、西洋の昔話の中では英雄の魔女の退治ととらわれの美女との結婚という形で示されたものだと考えられる。だが、女性性の否定的な側面の秩序への統合は、日本の昔話においては、ついに男性の力によってはなされないのである。これら一連の日本の昔話において、特徴的なのはおそらくそこである。『見るなの座敷』型の物語では、そこをのぞいた男達は逃げ出してしまうし、『山姥の糸車』型の物語では、男達は山姥をうち倒し、その化け物の皮を引き剝がして、闇に葬ってしまう。それら男達の女性性の否定的側面への嫌悪と排除には、その前で消え去るしかない女性を、河合のように「あわれ」といった感覚で鑑賞することではすまされない、日本人の心の深い問題があるように思われる。

その女性性の闇の部分を救済するのは、西洋では英雄の行為であるように、超人的な力技であるといえるが、その力を発揮するのが『たぬきの糸車』においては、「たぬき」という異類の者なのである。動物報恩譚においては、動物の持つ超人的な力が人間を救うのであるが、『たぬきの糸車』においては、その力は日常の秩序の実現という方向に発揮されるものと考えられる。特に、「山のようにつまれた」「白い糸のたば」は、繰り出される糸の整然とした流れを想像させ、秩序だった生命の流れを思わせて豊かである。これこそ、女性の意識の全体性への統合を示すイメージであろう。そこには、「糸」の否定的なイメージはない。「おかみさん」にのぞかれたことに気付いた「たぬき」は「うれしくてたまらないというように」「おどりながら」帰っていく。そこには、『見るなの座敷』の「あわれ」な別れはない。

そして、この「女性の意識の統合」は、男性不在のまま、女性自身の内面において行われたものと思われ、それは「たぬき」という異類の視線の内面化によって可能になったといえるのではなかろうか。ここにも日本人の心のあり方の一つの型があるように思われて興味深い。

【注】

（1）岸なみ編『日本の民話　4　伊豆の民話』（一九五七・一一　未来社）
（2）河合隼雄『昔話と日本人の心』（一九八二・二　岩波書店）
（3）関　敬吾『日本昔話大成　7』（一九七八・一一　角川書店）
（4）柳田国男『山の人生』（一九二五・一～八）中の「一八学問は未だ此不思議を解釈し得ざる事」にある。
（5）メルロ・ポンティ『眼と精神』（滝浦静雄・木田元訳　一九六六・一二　みすず書房）

民話の世界との交流――『たぬきの糸車』と子供たち

竹内　隆

一　作品の背景と教材としての価値

『たぬきの糸車』は、昭和五十二年度版以来、光村図書の一年生用教科書に掲載され続けている作品である。作者は伊豆出身の岸なみ（一九一二―　）。原典は昭和三十二年、作者によって編集された『伊豆の民話』（日本の民話4　未来社）である。『伊豆の民話』の冒頭、編者として岸は、

ここにあつめました「伊豆の民話」は、まだ幼なかった日の明けくれに、祖父母、伯父伯母、話好きだった父、又、わが家の三代に渉ってすみつき馬おじいとよんでなつかしんだ老爺、小学生当時の恩師後藤健次先生など、いずれも、土着の誰彼からきかされたおさな夜がたりを、思い出ずるままにかきと

めたノートから、このたび未来社の企画によって、かきあらためたものでございます。

と記している。また、『たぬきの糸車』は、「北伊豆」の項におさめられた三十四の話のうち、十二番目に掲載されている作品で、最後に「原話　吉奈　松本某」というデータが記されている。

教材テクストは、教科書掲載にあたって作者が一年生向けに再話し直した作品であり、構造を『伊豆の民話』のものに従いながら、内容や描写などについて大幅な簡略化などが行われている。

一年生の子供たちにとって「長編」に属するこの作品は、学年の後半に学習するものである。子供たちはかわいいたぬきの登場するこの作品をよく好み、毎日音読を繰り返すようになる。全文が暗唱できるようになるのも珍しいことではなく、まさに「身についた」ものとなるため、学年が上がった後でもかなり印象度が強い作品に数えられる。

本稿では、この作品の教材としての価値を、

・登場人物の心の交流の様子を思い浮かべながら、温かな気持ちで読み進めていくことができる。
・音読や動作化を交え、楽しみながら学習することができる。
・民話の描く世界を通し、むかしの人々の暮らしの様子をつかむことができる。

ものととらえ、以下にそれらの点について書き述べていくことにする。

二　一年生の子供たちと『たぬきの糸車』

一年生の子供たちがこの話に出会った時、ほとんどの場合、まずたぬきに注目しながら読んでいる。そのことは、初発の感想で、

「『二つの　くりくりした　目玉が』というところが、かわいくてすき。」

「『二つの　目玉も、　くるり　くるりと　まわりました』というところがおもしろかった。」

「たぬきはどうして毎晩やって来るのだろう。」

「いたずらするなんて、悪いたぬきだなあ。」

「たぬきが糸車を回せるなんて、すごい。」

「初めはいたずらものだったけど、やさしくてかしこいたぬきだな。」


などと、たぬきに注目したものが最も多く現れることからも明らかである。そして「いたずら」をすること、くりくりした二つの目玉をくるりくるりと回しながら夢中で糸車を回すまねをすること、最後に「ぴょこんとそとにとび下り」「ぴょんぴょこおどりながら」帰っていくところなどのかわいらしい動作から「小たぬき」または「子だぬき」を連想したり、たぬきに同化しながら読み進めたりしていく場合が極めて多いといえる。

(参考) 寺村輝男氏は、あかね書房刊行の「むかし話」シリーズ中の『おばけのはなし(3)』に、『たぬきの糸車』を入れている。

この再話は、話の展開は『伊豆の民話』のものと同様ながら、障子の穴から部屋をのぞくたぬきについては、

　その目がなんと――
　きいからきいくる
　糸車にあわせて、くるくるまわっているではありませんか。かかは、きみわるくなって、見るのをやめました

と描き、たぬきのイメージをまったく違ったものにしている。

表題「たぬきの糸車」については、事実関係で示せば、糸車はおかみさんの所有物であるといえるし、たぬきと合わせて示すのなら「たぬきと糸車」とならねばならない。そこを「たぬきの」としたところの飛躍に、この民話の虚構性が凝縮しているということができる。

また、初発の感想では、読み始めの段階において子供たちは、「たぬきがおかみさんに恩返しをした話」という、お話中の因果関係のみをとらえる段階にとどまっている場合がたいへん多いことに気づく。そのことからも、子供たちが自力でこの作品を読む段階においては、たぬきに寄り添いながら読み進めている、と言えるであろう。

したがって、この作品を学習するにあたって、それらの読みを「登場人物の心の交流」について考えるまでに深めていくためには、子供たちにもう一人の登場人物「おかみさん」について積極的に注目させていく必要があるものと考える。

(注) 教科書版の出典ともなった『伊豆の民話』中の話では、

「たぬきは、おかみさんのために、一年中の糸を、みんなつむいでおいてくれたのでありました。」

という文でこの作品を締めくくっている。教科書版ではこの文はなく、そのために「報恩譚」に終始しない、「心の交流の物語」として読み広げやすいようにもなっている。

三　登場人物について

(一)　たぬきについて

この作品においてたぬきは、疑うまでもなく「中心人物」であり、表題「たぬきの糸車」にも挙げられていることから、「主人公」と言うこともできる存在である。しかし、この作品の「語り手」は、締めくくりの一文中の「うれしくて　たまらないと　いうように」を除いては、たぬきの内面についてのことを積極的に語ろうとはしていない。たぬきの行動や様子を語っていくのみである。

しかし、このことは、読み手一人一人によって、さまざまな想像をふくらませていくことができる作品になっている、ということにもつながっている。

例えば、〈まいばんのように　たぬきが　やって　きて、いたずらを　しました〉について考えてみる。この「何が　どうした」という基本的な文構造で書かれた〈客観的事実〉については、一年生でも理解ができる。しかしそれだけでは、十分にこの文の中身が分かった気にはならない。たぬきは一体、「どんな」いたずらをしたのか、それに「なぜ」いたずらをしたのか、毎晩のようにやって来たのかなどについて語られていないからである。これらは、授業という、集団で読む場において、発問の形で子供たちに投げかけられ、さまざまな意見が交流されながらしだいにイメージが鮮明になってきたり、広がりを持ったものになってきたりする所である。

「どんな」については、

・きこり夫婦の食べ物をとった。
・畑を荒らした。
・何かに化けて、きこり夫婦をおどかした。
・ぽんぽこ腹つづみをうって、うるさくした。

のように、さまざまな事がらが並列的に挙げられてくるであろう。また、「なぜ」については、

・ただ、いたずらをするのが好きだったから。
・山奥の生活で寂しかったので、友達を求めるようにやって来た。

・たぬきにとって「当たり前のこと」をしたのが、人間にとっては「いたずら」だった。

などが思い浮かんでくる。それらを交流する中で、「いたずら」が意識的なものであったのか、無意識でのものであったのか、についても検討される場合が出てくるであろう（「わるさ」ではなく、「いたずら」という言葉が使われていることの言葉のイメージを比べてみることも考えられる）。

このほか、たぬきについては、以下のような所に教室内で考えを交流し合う部分が用意されている。

・「毎晩のように」いたずらをしていたたぬきは、「毎晩毎晩」やって来るようになってからは、いたずらしなくなったのか、どうか。

・おかみさんに逃がしてもらった後は、小屋に来ることはなかったのか（どのように過ごしていたのか）。

・冬の間小屋にやって来たたぬきは、なぜおかみさんと同じ糸車の音がするまでに糸紡ぎが上達し得たか。

・なぜ「白い糸のたばが、山のように」積み上がるまでに大量の糸を作り続けたのか。

・上手に糸車を回す場面のたぬきは、おかみさんが村から山に戻り、土間で炊事をしていることに気づきながら入って来たのかどうか。

また、最後の〈そして、うれしくて　たまらないと　いうように、ぴょんぴょこ　おどりながら　かえっていきましたとさ。〉では、「何が」うれしかったのかについて、

・わなを外し、逃がしてくれたおかみさんに対する恩返しができた喜び。

・山ほどの糸の束を作ったのが、自分であることが、おかみさんに分かってもらえた喜び。

・短期間に糸紡ぎが上達したことを披露できた満足感。

など、多様な読み方が出されてくることが予想される。

(二) おかみさんときこりについて

「たぬきとの心の交流の物語」として読む場合のもう一人の中心人物がおかみさんである。おかみさんについては、行動ばかりでなく内面が直接語られる形で示され、たぬきについて、

「いたずらもん→かわいい→(わなにかかり、食べられることが) かわいそう」

と、愛情の深まっていく心理変化がとらえやすくなっている。

このほかにも〈おもわず　ふき出しそうに　なりましたが、だまって〉や、〈こわごわ　いって　みると〉、〈びっくりして　ふりむくと〉、〈そっと　のぞくと〉という行動描写の部分に、その内面や理由などについて子供たちの考えを交流する機会がある。

きこりについては、この話では、わずか「わなを　しかけ」る存在として登場するばかりであるが、舞台背景を支える人物として重要な役割がある。きこりであるがゆえに、「山おく」に住むことが当然となってくるし、雪が降ると村へ下り、再び春がめぐってくると山奥の暮らしに戻るという生活の下で、その間にたぬきが大量の糸の束を紡ぎだす、というこの話の主要なエピソードが導き出されるのである。

また、山奥での生活を侵そうとするたぬきにたいしてわなを仕掛けることの必然性も出てくる。そして、わなを仕掛け、捕まえたたぬきをたぬき汁にする、という「悪役」を担うことによって、おかみさんをより効果的に「やさしい人」として描き出すのである。

ここまでに示したことは、一年生の子供たちの実態から考えれば、まだ難しい問いかけも多分に含まれており、「文学的文章の詳細な読解」として排除される部分があるかもしれない。しかし、子供たちがさまざまな意見を出し合ってこれらについて交流する中で「自分はこんなことまで考えつかなかった。」「あの友達

の考えって、すごいな。」「いろいろな読み方がでてきておもしろいな。」と、言葉をめぐりながら多様な人間認識へと広がり、心が耕されることにもつながってくるのである。これらは「流行」にかき消されていかない「不易」の部分とし大切にしていきたいものである。

（参考） 教科書版では、一年生対象の教材としての分量面、内容面等の制約からか、きこりは上記のような「背景」として登場するのみであるが、『伊豆の民話』や寺村版の再話では多くの場面に登場して、その内面を語るなど、その人物像がはっきりとした形で描かれている。

また、寺村版においては、翌春に山に戻ってきたおかみさん（「かか」と表記されている）は糸の束が山ほど積まれているのを見た後、

かかには、だれがやったか、すぐにわかりました。が、わざと、

「こんばん、おもしろいものが見られるよ」

といって、夜になるのをまちました。夜になって、こやじゅうのあかりをけして、じっと、かくれていると……。

きました。たぬきがあがりこんで、（中略）

糸車を、じょうずにまわしはじめたものです。これを見て、きこりは、うなってしまいました。

うなりごえを聞いたたぬきは、こっちを見ました。そこに、かかのかおがあったので、はずかしそうに糸つむぎをやめると、しょうじをあけて、出ていってしまいました。

のように、きこりをも積極的に巻き込んだ展開を示している。

四　音読や動作化について（学習する際の留意点）

三年生の子供たちに、一年生の時に学習した『たぬきの糸車』について振り返り、思い出などを聞いたことがある。プリントに吹き出しを書き込んでいったり、たぬきやおかみさんに手紙を書いたりしたことや話し合ったことも覚えてはいるが、それ以上に多くの声が寄せられたのは、

・糸車の実物（挿絵の物とは異なり、糸もついていない模型のような物ではあったが）を回せたのがうれしかった。

・「キーカラカラ」のところを本読みに合わせて、目玉をくるくる回したのが楽しかった。

・山奥の様子を、いろいろな色をつかいながら絵にかいてほめられた。

・たくさん本読みをして、全部覚えて言えるようになった。

といった、体験的に学習したことについてであった。

教科書による『たぬきの糸車』は、昭和五十二年度版に初登場した時は、「おはなしの　すじに　気をつけてよみましょう」、そして次の五十五年度版からは「ようすをおもいうかべて」（平成四年度版からは「ようすをおもいうかべて　よもう」）という見出しの下に編集され、二学期末から三学期の初めあたりの学習材料として配当されたものである。そして、本文の後に添えられた「てびき」には、読解上のポイントや、視写をしたり感想を添えたりする部分の示唆であったのだが、平成八年度版には

▼たぬきと　おかみさんの、した　ことや　かんがえた　ことを　おもいうかべながら　よみましょう。

と示したうえで、男の子の、

「たぬきや　おかみさんの　かんがえた　ことを　いれて　よむと、かみしばいみたいだね。」

という吹き出しが添えられ、具体的な活動へのヒントが与えられたものとなっている。

さらに平成十二年度版からは「おはなしを　たのしもう」という学年末の教材となり、「にんぎょうをうごかそう」という五ページにわたる活動紹介を伴う形に変更され、よりいっそう読み取り以上の活動を行う性格が強化されてきている。

これらは「理解と表現」という言語能力主義から言語活動主義へと、国語科の領域・内容編成の流れに沿った物と考えられ、今後ますますさまざまな「言語活動例」が示されていくことが予想される。

上記で示したように、子供たちは「身体で覚えたこと」は「頭で分かったこと」以上の財産となりうる。また一年生の子供たちにとって、内容を想像したり、理解したりするうえで「動作化」は有効な方法であることにもまちがいはない。それらはこの教材の二十数年間におけるさまざまな実践報告が物語るところである。しかし、「言葉の学習」を抜きにして（少なくともおろそかにして）さまざまな活動へと向かうのは、国語科の学習としては本末転倒である。活動はすべて、それらの根本となる「言葉」の学習を通して、その往還運動の中で位置付けられていく必要がある。この話は子供たちがさまざまな活動を通して「楽しみながら」学習できるものであるがゆえに、言葉を大切にしながら学習する、という観点は、今後学習計画を立てる際に強く留意すべき点となろう。

五　民話を学習することについて

現代の町に住む子供たちにとって、この作品世界をつかむ上で重大なポイントとなるものに「暗闇」がある。子供たちに就寝時刻について尋ねると、一年生であっても十時、十一時を超える者は決して珍しい存在ではない。親の帰宅時刻が遅くなっていたり、年長のきょうだいがいる場合には彼らの生活リズムに合わせて過ごすようになっていたりする場合が多いようである。テレビは各局ともに二十四時間放送を行うようになっているし、終日営業のコンビニエンスストアなども街角に年々増えつつあり、家中そして町中が「不夜城」となっている、と言うこともできる。

さて、この作品の舞台は「むかし」の「山おくの一けんや」であり、夜間そこは暗闇が支配する世界となる。現代の子供たちの日常空間では体験しえないその世界は、かつて生きた人々にとっては当たり前の暮らしの場であったことは言うまでもない。いくつかの実践では、子供たちに「ある　月の　きれいな　ばん」の状況を捉えさせるために、挿絵を使うほかに、暗い部屋に月に模した照明具（ＯＨＰなど）を使って場面を再現する手法などが報告されている。自然の状況がこのような「擬似体験」の形でしか再現しえないのは、寂しい限りである。今なお、町の明かりに影響されない場所に行くと「月のきれいなばん」の明るさは想像以上のものであることが分かる。現代の多くの子供たちにとってはなかなかできない体験ではあろうが、可能な限り大切にしていきたいものである。

このほか、『たぬきの糸車』には、現代の都市生活ではふだん使われることのない「きこり・糸車・土間」などの言葉がふんだんにちりばめられている。また、それらの語句ばかりでなく、「夜間、糸をつむぐ」や「雪が降ると村へ下り、春になると山に戻る」、「土間でご飯を炊く」などの生活についても語られている。作品を通してこれらの世界に見聞を広げていくことは、民話を学習していくことの大きな意義に数えられるであろう。

六　おわりに

ここまで、教科書本文について読み返し、思い浮かんだことを中心に、『伊豆の民話』のものやほかの再話などとの比較、子供たちの感想等を交えながら、作品の読みや指導法などについて書き述べてきた。

井上一郎氏は、「民話教材の特質と指導の意義」について、
（1）民話は、物語・小説の母型であり、民話を学ぶことによって作品世界、特に文学的表現世界に出会わせ、親しませ、浸らせ、その結果読書の楽しみに気づかせることができる。
（2）民話は、多様な物語・小説の普遍化された構造の原型であり、民話教材の学習によって基本的な物語・小説の構造についての学習を可能にする。
（3）民話は、典型化された人物によって人生のあらゆる断面もしくは全体を描いており、子供の「人生」を対象化する。
（4）民話は、その極端性などによって、「現実」を超えていくので、子どもの想像力を強く刺激し、現実のしがらみに萎縮しがちな心を解放させる。
（5）民話は、口承文芸として成立したが、現在ではむしろ文字言語として存在する。このような伝承性からくる多様なテクストを利用して、読書指導を行いやすい。
（6）民話の語りの構造を生かすことによって理解教材における表現指導を容易に行うことができる。
（7）民話の歴史は古く、継承されてきた伝統や文化について取り立てて考えることができる。
（8）民話教材には、民族及び地域の出生地がある。全国共通な民話教材を、それらの出生地や子どもの生活状況に合わせて独自な教材化を図ることができる。
という八項目を挙げて論述している（「国語教育相談室」第19号　光村図書）。これらの提言について更に学びながら、これからの子供たちとともに新たな『たぬきの糸車』の作品世界の成立にむけて前進していきたい。

所感交感

想像力活性化の方法――民話の読書指導を通して

秋枝　美保

筆者自身、現在中学三年生と小学六年生の子供を持つ親であるが、この物語は、その二人の子供のいずれの場合にも、彼女たちの朗読につきあわされた、親しみの深い話である。その中で印象に残っているのは、「キーカラカラ　キークルクル」という糸車の回る擬音の表現であり、さらにはやはり「たぬき」のかわいらしさである。その朗読の時間は、親子に日常から離れたもう一つ別の時間の流れを体験させてくれたものである。さらにそのお話の空間は、子供にも親にも一つの鮮明な記憶として定着しており、心の世界を広げてくれている。これらの体験は、竹内氏が民話教材を取り上げるときの目的として論文末尾に引用している、井上一郎氏の「民話教材の特質と指導の意義」の中の八つの目的を納得させるものである。

氏はこの八つの目的の中でも、特に四番目の「子どもの想像力を強く刺激し、現実のしがらみに萎縮しがちな心を解放させる。」というところを大事にした指導を考えられているようである。昨今の子ども達を取り巻く環境の中では、子ども達が心の深い所での営みに棹さすということが困難な状況があるだけに、国語科のこういう教材との取り組みは、重要性が以前にも増して重要になってきていると考えられる。氏も指摘しているように、心の深みへの想像力を発動させるものとしての「暗闇」が現代の子供達には所有されていない。また、そのもう一つの世界の消息をこちらに伝える「障子」というもの、また障子によって作られる座敷という不思議な空間、そういった、かつては想像の世界を開く窓であった環境が、今は子供達の周りから取り払われていることが、この物語の深い読みとりを妨げているといえよう。そういった環境の中で、子供達を、民話の読みとりを通して深い心の世界に導くにはどういった方法が有効なのだろうか。

それに対する取り組みは、特に「三　登場人物について」の中の登場人物の読みとりに示されている。氏は初発の子供の読みとりに見られる、「たぬきの恩返し」の物語という功利的な読みとりでなく、もう一歩読み深める方向性として「登場人物の心の交流」に注目させることを提案している。子供がまず「たぬき」に注目し、たぬきのかわいらしさに惹かれて「たぬきに同化しながら読み進める」ことを指摘し、そこからこの物語の読みに入っていく。このことは子供達の想像力の発動に力を与えると考えられる。現代の子供達のしばしば虐げられている想像力は、しかし一つの方向にだけは強く動かされるからである。それは、アニメなどに登場する、いわゆる「キャラクター」に同化していく子供の心情に共通するものである。少し前なら「ドラえもん」、「ET」、今なら「ポケモン」というところであろうか。これらのキャラクターへの子供達の執心ぶりは並大抵ではない。現実にはない、そういったかわいい存在に同化することで、子供たちは、現実には体験できない、自らの心の深みに降り立つ体験をしているのであろう。氏は、さらにこの物語では「たぬき」の内面描写がなされていないことに注目し、そこを様々に想像させることで子供達をもう一つ別の時間の流れの中に誘導していく。

さらに、氏は「おかみさん」と「きこり」という、対比的な人物に注目させる。この二人は「たぬき」に対する接し方が大きく異なる。子供達にその違いを気付かせることが重要である。そこに異なった二つの世界が存在することを朧気ながらに知ることになるからである。その違いについて、氏は寺村輝男と岸なみの再話を比較することによってそれとなく示している。寺村の再話においては、「おかみさん」が「たぬき」を「きみわるく」思うことになっていること。また、お話の最後が、きこりが「たぬき」の糸車回しを見て感心し、「うなる」ことになっており、「きこり」の実利的な視点を強く打ち出しておわっていること。この二つが岸なみの再話との大きな違いであることが示されている。それによって、寺村の再話が「きこり」の実利的・現実的な視点によって物語を意味づける方向性をとっていることがわかる。それは、筆者が分析したように、岸の再話が女性の心の問題と深い関わりを持つという読みを補強してくれる。また、岸の再話が、「おかみさん」と「たぬき」の関係に的を絞って語り、その向こうに見える世界、筆者流に言えば「女性」性の世界に誘うという性格を持っていることを改めて感じさせた。子供達がこの物語を理解することは、氏も述べているように難しいところがあると思う。だが、氏が意図したように、これを「たぬきの恩返し」と読む実利的な読みを越えて、その先にもう一つ深い心の営みの世界があること、その世界の手触りをそれとなく感じさせることができれば良いのではなかろうか。

その手触りを感じさせるための有効な方法として、朗読や、影絵等の映像化の試みを取り上げていることも納得のいくところである。それは、井上一郎氏の民話の指導の意義の一番に挙げられている「文学的表現世界に出会わせ、親しませ、浸らせ、その結果読書の楽しみに気づかせる」というところと深く関わっているといえる。現代人の活字離れということが言われるが、それは、特に最近若い人達の抽象的な思考や言葉のイメージ化の能力が低くなっていることと関係があるのではないか。また、そのことは現実を深いレベルで理解する能力を低下させることにつながるのではなかろうか。そう痛感するようになった昨今、筆者は子供の頃からの読書指導の必要性を強く感じるようになった。言葉による思考を受け入れる素地として、朗読の体験が重要であるかもしれない。これについては、教育理論と、現場における実験の両方の分野でさらに検討していく必要のある課題ではないかと思う。

所感交感

広がりゆく作品世界を感じながら

竹内　隆

小学校の現場に勤める者は、どうにも時間に追われるような毎日になってしまいがちです。始業前、前夜作成した学級通信の印刷で一日が始まります。その間、電話での欠席連絡に受け答えすることもしばしば。今年度担当している三年生では、音楽や図工も専科教師が配当されず、土曜日も含めた授業時数は28時間。この他に2時間、全教員がかかわる高学年のクラブや委員会の活動への指導もあります。もちろん授業をするのは全教科。休み時間には宿題の点検あり、次の授業への準備あり。給食は配膳から片づけまで見る必要があるし、その後には清掃指導も行います。放課後には、校外への出張もひんぱんにあり、それがない時には各種の打ち合わせが行われ、なかなかゆっくりと進度の遅れがちな子供につき合うゆとりが持てません。ようやく職員室の机に戻ってひと息ついて時計を見れば五時。そこからは校務や行事への準備などが始まり、帰路につくのは七時ごろ。家に帰るまでに、必要があれば家庭訪問を行うこともあります。夕食後にはまず学級通信の作成に取りかかります。話題をひねり出し、試行錯誤しながら文を組み立て、ようやく仕上げるのに約一時間半。それから読書を始めますので、すぐに睡魔に襲われてしまいます。日頃は「教材研究」もままならない、このような毎日を過ごしていますので、今回の企画で『たぬきの糸車』についてゆっくり考えることができたこと、また、文学の専門的な視点からの研究に触れさせていただける機会が持てたことは、とても貴重な体験となりました。

秋枝先生の論稿については、まず「女性の意識の統合について」という表題に驚かされました。小学校一年生用の教材について、このような観点からのアプローチは、（殊に男性である）私の発想の中にはまったくなかったものでしたから。いったいどのような考えが展開されていくのか、わくわくした気持ちで読んでいきました。

その中でも特に、障子がおかみさん自らの姿を映し出す「魔法の鏡」になっている、という指摘や、「視線のドラマ」という捉え方について興味深く読んでいきました。また、たぬきが「いつもおかみさんがしていたとおりに、たばねてわきにつみかさね」たという様子について、「『おかみさん』自身の、過去から未来に渡る生の本質的な姿の肯定的な確認」と捉え、「女性性の否定的な、闇の側面」からの救済、統合という解釈を加えられていることについても、思わず「なるほど」とうならされてしまいました。

それに、『見るなの座敷』や『山姥の糸車』などとの比較についてもたいへん参考になりました。それぞれの話が生まれた時には、おそらくはお互いを意識しながら作られたものではなかったと思います。このような、まったくの「赤の他人」として生み出されながら、どこかに共通性があったり、対称的な部分があったりするのは、人間の思考の類似性や幅の広さが感じられ、本当に興味深いことだと思います。このように、一つの教材の枠に閉じこもってしまわず、複数の作品を比較しながら読む、ということは、「読書指導」の発展と充実に直接つながっていくものだと思いました。それに、このほかに挙げられている数々の参考文献についても、ふだんの読書では得られない貴重な情報が満載で、たいへんありがたく思いました。

自分自身が『たぬきの糸車』について考える時、その話ばかりに気を取られ、極めて狭い範囲でしか、ものを考えられなかったように思います。秋枝先生の、さまざまな作品や文献を挙げながら展開されている論稿を読みながら、『たぬきの糸車』という作品が、大きな体系の中に位置付けられていく思いが持てたことに大きな快感を覚えました。ユニークな企画をしていただいた編集の方、また、数々の部分で目からうろこが落ちるような示唆を与えてくださった秋枝先生に感謝の念が絶えません。ありがとうございました。

HISTORY & DATA ●たぬきの糸車

作品DATA

［出典］ 岸　なみ　編『伊豆の民話』〈日本の民話4〉（五七　未来社）所収の『たぬきの糸車』を、小学校一年生向けに再話し直したもの。〈日本の民話〉は、『信濃の民話』（五七）を第一巻とする六十巻を超えるシリーズ。『伊豆の民話』はその第四巻。この本は、三つのまとまりからできている。

初めに、『伊豆の国焼き』という、伊豆大島・伊豆半島・伊豆諸島の創造の物語一編がおかれ、次に、

前半―北伊豆の三十四話

後半―南伊豆の二十話

が収められている。『たぬきの糸車』は、「北伊豆」の中の一編である。『たぬきの糸車』の末尾には、「原話　吉奈　松本　某」とある。「吉奈」は、静岡県田方郡天城湯ケ島にある地名。

［教科書への掲載］

光村図書＝昭和52→平成12

作家DATA

［作者］ 岸　なみ（一九一二―　）静岡県の伊豆天城山麓に生まれ、そこで育つ。『伊豆の民話』のほかに、『おにのおよめさん』『王女ナスカ』『きんの川の王様』などの作品がある。

参考

『伊豆の民話』の「はじめに」によると、この本に収めた民話は、編者が幼かったころ、祖父母、伯父伯母、父、生家に住んでいた老爺、恩師などから聞かされた夜語りを、思いいずるまま書きとめたノートから書き改めたものだという。

「はじめに」で述べている編者の次の言葉は、伊豆地方の民話全般についてのものだが、『たぬきの糸車』を理解する際にも、参考になる。

「昔から伊豆は罪人遠流の地とはいいながら、森林あり鉱山あり温泉あり、水田は豊かに、海の幸、山の幸にめぐまれ、したがって、領主の搾取とか百姓一揆とかいう百般人事の相克は他国にくらべてきわめて薄く、『伊豆の民話』のありようは、めぐまれた国のよさで、きびしい生活条件の中のもり上がる感動には欠けていますが、人間本然の哀愁の中に、のんびりとした明るさがあり、私は伊豆人のひとりとして、それをこよなくよしと思うものがございます。」

ゆきの日のゆうびんやさん

小出　淡

友重幸四郎／戸田　功

〈三匹〉という方法――『ゆきの日のゆうびんやさん』

友重幸四郎

小出淡の表題の作品（一九八七　福音館のペーパーバック絵本、絵本は『ゆきのひのゆうびんやさん』、以下『ゆきの日の――』と省略）は、現代の児童文学として、また小学一年生の国語教材として知られている。ある雪の日、三匹のねずみが暖かい部屋の中で遊んでいる。そこへ「ゆうびんうさぎ」が山向こうのおばあちゃんからのものというえりまきを届けにくる。「ゆうびんうさぎ」が風邪をひいていることを知ったねずみ達は、うさぎの代わりに郵便物を配達することを思いつく。りす、たぬき、あなぐまの家へと、冷たい風や長い急な坂道をものともせず、次々に小包や葉書を届ける。あと一軒、きつねのおばあさんにりんご箱を届ければおしまいというところで、強い風が吹いてりんご箱もろとも吹き飛ばされてしまう。やっとの思いで六つのりんごを見つけ、それをえりまきに包んで届けると、きつねのおばあさんから「三びきのりっぱなゆうびんやさん」とほめられる。幼年期の児童を対象としているだけに、お話は、始め、中、終わりと軽快に展開し、内容も簡潔でわかりやすく、文章もリズミカルである。なお、参考までに、学校ではこの作品の眼目として、困っている人への「暖かなやさしい思いやり」や「その人のために精いっぱい頑張り努力すること」の尊さを挙げ、特に作品の後半部について、「自分たちのおばあちゃんから届けられたばかりの大切なえりまきにくるんで（りんごを）届けることに表されているのは、自分たちの責任をできる限り果たそうとする気持ちであると同時に、大切な届け物の多くをなくしてしまったことに対するおわびの気持ち、受け取る側をおもんばかる精いっぱいの気持ちであろう。けなげな頑張りの心、やさしい心がにじみ出ている。[1]」と記し、主人公の責任感、健気な頑張り、優しさを強調している。

一

さて、このお話を評価するには、その手掛かりをどこに求めたらよいのか。まずは児童文学の現状をみるところから出発したい。その中から、〈文学〉の問題を抽出できれば幸いである。作品研究としては、回り道を辿ることになるが、御寛恕願いたい。

やや以前のものに、滑川道夫の「児童文学とは何か[2]」（一九七六）がある。その指摘によれば、現代児童文学論の諸説に共通するものは、一、おとなが子どもを読者として創造した文学である、二、広い意味の教育性（理想主義・向日性）を持つ、三、読者である子どもの興味・関心をよび起こし感動を誘うもの、であるという。ここから滑川は、この三点を現代児童文学の定義とする。いうまでもなくこの七〇年代の代表的な定義は、一九五〇年代の〈児童文学改革〉の流れの上にある。

関英雄が、「詩としての童話」ではなく、「劇としての童話」「散文としての童話」を掲げ、童心主義童話からの脱却を訴えたのは一九五〇年である（「劇としての童話を」「新日本文学」）。また、一九五三年には、早大童話会（鳥越信、古田足日等）より、「少年文学の旗の下に！」（少年文学宣言）が発表され、「日本の近代革命をめざす変革の論理」に裏付けられた、近代的「小説精神」を中核とする「少年文学」が提唱される。更に、一九五九年には、佐藤忠男の「少年の理想主義について――『少年文学の再評価』」（少年にもわかるような形の〈強烈な観念〉を主張した）が出され、次いで翌年に、「子どもの文学はおもしろく、はっきりわかりやすく」として、小川未明、浜田広介、坪田譲治の童心童話を批判した石井桃子、いぬいとみこ等の共同執筆『子どもと文学』（中央公論社）が発表される。これら、変革期の評論には、通底するものとして、まず「ひらかれた世界への要求」[3]（古田足日）があった。「ファンタジーと、現実的作品と、その両者に共通して『ひらかれた世界』への要求があり、それらは困難を予想しながらも、未来への明るさを信じ、そういう未来を建設しようとしていた」（同）のである。これは、滑川のいう二の、〈広い意味の教育性（理想主義・向日性）〉に通ずる。次に、通底するものとして、「子どもの立場に立つ」（同）というものがあった。子どもに接近し、子どもの魅力を取り入れ、「読者としての子どもに対応する作品」を目指したのである。これは、三の、〈子どもの興味・関心をよび起こし感動を誘う〉に通ずる。

　以上のように、一九五〇年代以降の児童文学には、その根底に「理想主義」と「子どもの側に立つ」があった。しかし、七〇年代に入って「理想主義」はその「理想主義的な『狭さ』を撃たれる」[4]（細谷建治）ことになる。「理想主義的であったがゆえにエネルギッシュに児童文学の現代を担ってきたその子ども像が、逆に理想主義的であるがゆえに取り落としてきてしまった子どもの持つ『不安・臆病・無気力・幼児性・死のイメージ』などによって批判される」（同）ことになる。細谷は、皿海達哉や森忠明の作品――例えば『チッチゼミ鳴く木の下で』（一九七六）、『海のメダカ』（一九八七）、『花をくわえてどこへゆく』（一九八一）を検討し、これらの作品に登場する子ども達はみな普通の「翔べない少年たち」であり、「それは理想主義的な期待感とは全く無縁のところにあるものだということを、皿海は、子どものもつ喪失感を武器に主張した」と述べる。そして、理想という「効用に拘泥しすぎた」過去を反省し、「獲得する物語よりも喪失する物語を、ぼくらはすでに歩き始めている」という。

「子どもの側に立つ」についてはどうか。前述したように、一九五〇年代の評論には、「子どもの要求に合致するものを作りだし、作りだすことによってまた子どもをエネルギッシュな人間にしなければならぬ」[5]という発想があった。いぬいとみこも、大人の夢としての「童心」に基礎を置いた小川未明の童話を批判し、「作家的洞察力をもった大人が、生きた子どもの空想力、彼らの外界を知ろうとする飽くことを知らないエネルギーと交流しあうこと」[6]が大切であると主張したのである。しかし、これらは、一九八〇年に、柄谷行人によって「『児童』とは一つの風景なのだ。それははじめからそうだったし、現在もそうである。したがって、小川未明のようなロマン派的文学者によって『児童』が見出されたことは奇異でも不当でもない。むしろ最も倒錯しているのは『真の子ども』などという観念なのである。」[7]と批判される。この柄谷の批判について、宮川健郎は「『子ども』がひとつの観念だったのと同じように、『子どもと文学』のいう〈生きた子ども〉も、もうひとつの新しい観念にすぎないのかもしれない」[8]と受け止めている。

今日、「おとなが子どもを読者対象として創造した文学」（滑川の定義一）という自明の事項以外、児童文学に確たる基準はない。子ども達は冒険を目指す、冒険や体験を通して成長する、社会を変革する、という理想主義は、戦後の精神の荒廃期には、また経済の成長期にはそれなりに有効に機能した。しかし、経済成長が頂点に達したとき、大人達の生がまず揺らぎ始める。理想主義は、ひいてはその子ども観は、まさに観念の産物であった。大人が揺らいだとき、同時に理想主義も揺らぎ始めたのである。――児童文学は、今後何を目指すのか。やはり、子ども達の心に、そして状況に接近し続ける以外にはないのではないか。そこに、児童文学の〈文学〉も始まる。理想主義が取り落としてしまった、子どもの「不安・臆病・無気力・幼児性・死のイメージ」についてはいうまでもなく、あらゆる子どもの負の属性をも抱え込まなければならないと考える。

〈文学〉として出発するためには、より子どもに近づくことが肝要であるように思う。そのためには、一旦は子どもを〈了解不能の他者〉(9)としてみることも必要になってくる。

二

以上を念頭に、作品の考察を試みたい。この『ゆきの日の――』の最も大きな特徴は、ストーリー展開の簡明さにある。ねずみ達にえりまきが届けられてから、郵便物の配達を為し遂げ、おばあちゃんにお礼の手紙を認めるという箇所まで、起、承、転、結と、極めてわかりやすく簡明な構成、ストーリーになっている。雪の日の配達といういくらかの冒険や失敗、雪の冷たさと、えりまきや動物達の心の温かさとの対比、というような技巧も取り入れられ、幼年期の児童にも、理解することが可能なものとなっている。

そしてこのわかりやすさは、前出『子どもと文学』の、次のような主張を想起させる。

昔話では、一口にいえば、モノレール（単軌条）を走る電車のように、一本の線の上を話の筋が運ばれていきます。大人の小説でよく使われる回想形式とか、あるいは、物思いにふけるとか、つまり、一本のレールから話の筋がはずれて、あちらこちらをぶらりぶらりすることがありません。もちろん、モノレールの電車でも、山を越え、トンネルをくぐるように、昔話の中でも、話の道筋に起伏はあります。このモノレールは、一つの話の中の、時の流れと考えればよいでしょう。時の流れに沿って出来事が連続していて、一つの出来事とつぎの出来事との間に、もとにもどって読み返しを必要とする複雑さもありません。なぜなら、昔話は、口伝えに語られたからです。ひとりの聞き手が「じいさんや、いまんとこ、ちっともどって話してくれや」といえば、話し手も他の聞き手も興をそがれてしまいます。

（前出書第二部）

ここでは、子どものための文学は、昔話のように、「モノレールを走る電車のように、一本の線の上を話の筋が運ばれて」いくものがよいとされている。この考えは、今日においても、多くの幼年童話の作家の間で守られている。（例えば、西本鶏介は「主人公はどうなるのか、これからどんな出来事が起きるのか、早く次を読みたくなるようなストーリーこそ童話の面白さ(10)」であると述べている。）

この、『子どもと文学』がいう、単線的でわかりやすいという方法が、前章で取り上げた理想主義を支えてきたのである。理想主義と単純なストーリーは、表裏のものとして、互いに補完し合う関係にあったといえる。作中の子ども達の冒険、出来事、そして幸福な結末、という理想主義的童話も、また誕生から死まで、入学から卒業まで、少年期から成人まで、という時間の中に描かれる成長物語も、この単線的なストーリーに支えられ、その力を発揮してきたのである。そしてこの『ゆきの日の――』は、理想主義童話や成長物語とはいえないまでも、ねずみ達はうさぎを助け、困難を乗りきり、務めを果たして意気揚々と帰ってくる、という理想主義童話に近い作品になっている。

繰り返すが、『ゆきの日の――』のストーリーはわかりやすく、優しさ、頑張り、健気さという主題も明確である。一見難のない幼年期に相応しい作品であるかのようにみえる。しかし、極端にいうなら、お話は「モノレールを走る電車」のように、一本の線の上を多少の起伏を伴いながらもただ流れている。ねずみ達の行為、作中の出来事、結末は、書き手によって予め用意され、時間の流れに沿ってバランスよく配置されている。幼年期も含めて、今日の子ども達の心はこの作品世界のようには単純ではないように思われる。宮川によれば、八〇年代に入って、長谷川集平『日曜日の朝』（一九八一　好学社）や岩瀬成子『あたしをさがして』（一九八七　理論社）のように、単線的なストーリーではない児童文学の作品が表れてきたという。

○

率直にいうなら、この作品には、特に心に引っ掛かるものがない。主人公の三匹のねずみは元気で明るく、また他人を一応は思いやる。しかし、キャラクターとして魅力があるわけではない。彼らは笑わず（挿絵では微笑んでいる）、喜ばず、怒らず、悩まない。この作品において大切なのは〈筋〉であり、主人公の行動、そしてその結果としての幸せな結末である。作品の方法が、登場人物のあり様や形を規定しているともいえる。書き手は、意図的に人物の内面には立ち入らない。だから、主人公には、個性的には等質の複数の動物が選ばれている。等質の主人公が多ければ多いほど、個の内側に入るのは難しくなる（入る必要がなくなる、あるいは、内面を描く必要がなくなる）。

三匹のねずみの個性は、個性といってよいかどうかは判断に苦しむが、ともかく彼らの個性は等質である。「ゆうびんうさぎ」が風邪でふらふらしているのをみて、何のためらいもなく三匹はうさぎを「むりやり」暖炉の側に座らせる。そして、「ゆうびんは、ぼくたちがはいたつしてあげますから」といい、いさんで配達にでかける。ねずみ達は、「ゆうびんうさぎ」の代わりとして配達することに何の迷いもためらいも感じない。ここでは、読み手としての子ども達は子ども達なりに、例えば外は雪だから恐いとか、大人の仕事である郵便配達を子どもが代わってもいいのかとか、うさぎを介抱して元気になるのを待つとか、様々な思いを巡らすはずである。（現に、筆者の知る小学生の何人かは、「私だったら配達しない」と答えている。）

しかし、三匹が等質であるために、わずかの意見の食い違いも議論もそこにはなく、お話はすぐに次の配達の場面に移行する。この箇所で、子ども達は多面的なものの見方を学べず、従っては、自分に出会えず他人に出会うこともない。「モノレール」に乗せられ素通りしてしまう。(作品の前半部においては、おばあちゃんからの贈り物であるえりまきが、ねずみ達の行為を促した、とは読み取れない。ねずみ達の内面の変化も、その暗示も描かれてはいないからである。)

むろん、この作品にも「とまどい」は設けられている。配達の途中で、ねずみ達は風によって飛び散ったりんごを六つしか見つけることができず、このまきつねのおばあさんに届けるかどうかを迷う。構成的には「転」の場面であり、ストーリー的には「起伏」の箇所である。このねずみ達の失敗は、次の場面の「えりまきでくるんだりんご」に生かされ、ねずみ達の「誠意」「健気さ」として示されることになる。

ちなみに、小出淡の童話において、主人公が「三匹」であるのは、この『ゆきの日の——』だけではない。参考までに、次に挙げておく。『とんとんとめてくださいな』(一九八一・九　福音館のペーパーバック絵本)、『はるですはるのおおそうじ』(一九八九・四　同)、『とてもとてもあついひ』(一九九〇・六　同)。いずれも、三匹のねずみが、あるちょっとした出来事を体験し、最後は、どの動物も以前にもまして仲良く暮らす、というものである。どの作品にも、始めがあり、中があり、結末がある。「昔話」のように、単線的ですっきりとまとまっている。

三

もともと三匹あるいは三兄弟が主人公として登場する話は、世界中に分布し、昔話の一典型として存在する。そして「たいていは、長男が総領の甚六でのんびり者、ことはうまく運ばない。次男はすこしましだが成功するには至らない。末弟は賢くて勇気があり、ことをなしとげ(11)」て兄たちを助ける。例えば、誰もが知っているイギリスの昔話に『三びきのこぶた』がある。三匹の子ぶたは、母さんぶたに促され、それぞれの家を作って自立することになる。「いっぴきめのこぶた」は、藁の家を作るが、おおかみに吹き飛ばされ、食べられてしまう。「にひきめのこぶた」は、木の枝で家を作るが、同じ結果を招く。「さんびきめのこぶた」は、時間をかけて煉瓦の家を作り、おおかみをこらしめて幸せに暮らす。他、似たようなものに『三びきのやぎのがらがらどん』があり、ここでは、最も身体が大きく、力の強い三番目の山羊のがらがらどんが、橋のしたのトロルと戦い、見事に打ち破る。三匹もの、三兄弟ものの昔話の多くは、洋の東西を問わず、このように、力の強いものが、あるいは力はなくとも勤勉に働くものが、また知恵のあるものが栄える、という教訓話として伝わっている。当然のことながら、お話はパターン化され、人物も類型的である。

もし、これら三匹ものの昔話を、現代ものとして別なものに蘇らせるとしたら、どのような形が可能か。ここに、七〇年代後半に発表された飯沢匡の翻案『ブーフーウー』（いいざわただす・おはなしの本　一九七七・八　理論社）がある。飯沢は、次に示すように、〈個性〉を武器に、原話『三びきのこぶた』を別の作品に作り替えたのである。

ブーは、「いちばん上の兄さんぶた」で、おしゃれでギターをひいては歌ばかり歌っている。すぐに文句をいってブーブーいうから「ブー」である。フーは、二番目の兄さんぶたで、太って身体が重く、昼寝が大好きである。仕事が辛くフーフーいうので「フー」である。一番小さいウーは、真面目で働きものである。「ウー」といっては元気に働く。三匹は、それぞれ不平屋、気弱、頑張り屋という強い個性を与えられ、作品の主人公として登場する。この作品では、兄弟はしじゅう喧嘩をする。身勝手なブーとフーは、パンにつけるジャムがないといって、それをウーのせいにしてなじるが、ウーは、兄達が「のはらのイチゴを、たくさんつんでこなかったから」と逆に言い返す。

渋々いちごを摘みに出かけたフーは、野原で、兄について「ふん、ブー兄さんてずるいな。ぼくに、こんなにイチゴをつませときながら、きっと、イチゴのジャムは、うんとこさたべるんだよ。」と思う。また、弟に対しては「ウーだって、ずるいや。あいつは、そりゃあ、ジャムをにることは、にるだろうけど、でも、イチゴをつむのは、とっても、くたびれちゃうからな。ジャムをにるほうが、ずっと、らくだよ。」という。読み手の子ども達は、イチゴのジャムを誰が一番多く食べるのかを知っている。また誰が一番働き者であるのかも知っている。ブーもフーも何かを言えばいうほどその身勝手さが、おもしろおかしく、露わになってくる。この作品は、原話とは異なり、それぞれのユーモラスな個性が、また、兄弟の関係（対立・意地の張り合い等）が主となっている。兄弟は、普段は喧嘩をしながらも、おおかみが現れると結束する。そして危険が去るとまた喧嘩を始める。兄達の身勝手さ、我まま、なまけぐせは最後まで直らない。脇役的なおおかみは、子ぶた達の喧嘩を待って、そのすきを狙うがいつも失敗する。おおかみは、おおかみ自身が自覚するように、「あたまは、そんなによくない」ために、結束する兄弟にはかなわない。

今江祥智の幼年童話『ポケットにいっぱい』(12)に収録されている『三びきのライオンの子』も、現代の三匹の動物ものの一つである。獣の捕まえ方を教えようとする母ライオンに対し、最初のコロンは、獲物のうさぎを前にしての母ライオンの顔のおかしさに笑いだし、獲物を逃がしてしまう。二匹目のムウは、母ライオンの咆哮に驚き、獲物のりすと同じく動けなくなる。そして、不用意にほえてしまった母ライオンに怒る。三匹目のショボンは、殺されたしかがかわいそうで泣き出してしまう。それぞれの子ライオンの名が、それぞれの性格・個性を表している。

三匹の動物ものは他にもあるが、ここでは割愛する。今日の児童文学の作品は、幼年童話といえども、これら三匹の動物ものが示すように、関係の複雑化、個性化、内面化の方向にあるといえる。それだけ、子どもの心に近づきつつあるように思われる。

○

話をもとに戻す。『ゆきの日の――』のストーリーは単線的であり、三匹のねずみは類型的、無個性的である。三匹内に葛藤・不安がないということは、この作品の世界を規定してもいる。作中に登場する動物達は、すべて善良で思いやりに篤く、互いに対立せずねずみ達を見守り励ます。世界は幸福感に満ちており、誰もが、ねずみ達と同様に悩まず、悲しまず、怒らない。

動物の擬人化については、「その動物の個性が充分生かされた書き方」（前出、西本鶏介）でなければならないとされる。すばやく集団で行動するねずみ達、走り回るのが得意なうさぎ、そして、誰よりも利口なきつねというように、書き手は、擬人化については一応セオリーを守ってはいる。しかし、それらは、動物としての個性であり、作中人物としての、また人間としての個性ではない。

ついでに、この作品の「家族」について考えてみる。小出淡の『三びきのねずみ』シリーズ（全四冊）では、登場する数種類の動物が、それぞれ家を持ち、単独で（くま・きつね）、あるいは数匹で（うさぎ・たぬき・ねずみ・りす）暮らしている。童話として、そこに特に不自然なところがあるわけではない。しかし、この『ゆきの日の――』にだけは、ねずみ達の「おばあちゃん」が存在する。この「おばあちゃん」からの小包（えりまき）が、この作品の出発点にもなっている。しかし、祖母と孫がいて、なぜ父母がいないのか。この作品世界では、例えばりす一家のように、親子（絵では親子）という関係を排除しているわけではない。おそらく、大人である親達は、作品世界とは相容れないところの、様々な意見や常識を持つからである。親は、雪の日のねずみ達の配達という危険な行動を制約する。つまりは、作品世界の調和を揺すぶってしまう。

三匹のねずみ達の間に、その行動や意識において、いくらかでも差異や迷いがあるなら、読者はそこを手掛かりとして、読みを深めることができる。しかし、作品はそのような構造を持たない。何度もいうが、お話の〈筋〉とともに、読者は「モノレール」に乗せられ、決められた終着点に到着するだけである。この作品を読了した子ども達に、例えば「ゆうびんうさぎの代わりに配達をしようと思ったときのねずみ達の心情を考えよ。」「ねずみ達はなぜりんごをえりまきに包んだのか。」「きつねのお婆さんにねずみ達は何をどのように話したのか。」等の問いを発しても、おそらく、似たような答えが返ってくる。答えは作中の中に予め用意されている。

『ゆきの日の——』では、結末の場面で、ねずみ達が「おばあちゃんにおれいの手がみ」を書くところで終わっている。ここにきて、この作品の大きなポイントの一つが「えりまき」にあることが読み手にわかるようになっている。おばあちゃんの優しさ、温かさがえりまきには込められており、そのえりまきが契機で勇気や他人への優しさも生まれ、また、そのえりまきのお陰で雪の日の困難な配達も可能になった——ということが理解されるようになっている。しかし、すでに述べたように、全ては作品の表層のプロットの中に、作者の意図の中にある。子ども達が、真摯に人物の「心情」を考えれば考えるほど、書き手が用意した答えに、大人が〈期待する子ども像〉に近づいていく。——大切なのは、作品を通じて、子ども達が自分を、ひいては〈他〉を発見することにあると考える。そのことによって、子ども達をいくらかでも読みの深みへと誘うことのできる、そういう構造、〈ことばの仕組み〉を作品が持つことにある。そこに、児童文学における〈文学〉の問題もある。

単純に比較することは避けたいが、結末の手紙の場面から、つい、アーノルド・ローベルの名作『おてがみ』（『ふたりはともだち』三木卓訳　一九七二・一一　文化出版局）を想い出してしまう。『おてがみ』の中の感動は、〈筋〉にではなく、かえるくんとがまくんの会話の中にある。会話の中から、まだ、一度も誰からも手紙をもらったことのないがまくんの悲しみが、そしてその悲しみを受けとめるかえるくんの哀しみが、読者にも伝わってくる。かたつむりに託したかえるくんのがまくんへの手紙は、かなり到着が遅れるが、そのことは、作品の哀切さを増すことにつながっている。しかし、手紙が到着するとか遅れるとかは、つまりは〈筋〉は、この作品においてはそれほど問題とはならない。

【注】

（1）平成十二年度用『新訂　新しい国語一上　教師用指導書　研究編』（東京書籍）
（2）『日本児童文学概論』（一九七六・四　東京書籍）
（3）「童話・小説の流れとその問題点」（『児童文学の戦後史』一九七八・一二　東京書籍）
（4）「登場人物への期待」（『現代児童文学の可能性』一九九八・八　東京書籍）
（5）古田足日『現代児童文学論』（一九五九・九　くろしお出版）
（6）『子どもと文学』（一九六〇・四　中央公論社）
（7）『日本近代文学の起源』（一九八〇・八　講談社）
（8）『現代児童文学の語るもの』（一九九六・九　日本放送出版協会）　本稿執筆に当たっては、本書より多くの示唆を得た。
（9）田中実『小説の力』（一九九六・二　大修館書店）
（10）『児童文学の書き方』（一九八三・四　ＭＯＥ出版）
（11）森久保仙太郎『さんびきのこぶた』解説（一九九四・四　学習研究社）
（12）『名作版日本の児童文学』（一九八八・五　理論社）

他者に対する信頼をめぐって
——『ゆきの日のゆうびんやさん』——

戸田　功

小学校に入った子どもは、小学校における文化を徐々に学んで行く。それまで家庭や幼稚園・保育園等において、一人一人の子どもは既にそれぞれの文化的経験を積んできている。小学校の低学年の国語の教科書に、幼稚園等においてて子どもたちに人気のある絵本を教材化したものが見られるのは、学校外、特に就学前における子どもの言語生活と連続性を持たせようという意図がそこにあるからであろう。

けれどもそのような場合、既知の作品、またはジャンルを教材とすることによって、学校というところは新しくそこに何を盛り込むのか（または何を切り捨てるのか）を、子どもたちに示してしまうことにもなるであろう。つまり、ただそれを教材として使うだけで、教師の意図とは別に、何事かを子どもたちは学んでしまうということである。言い換えれば、これらの教材は、子どもに対して、学校というところは何を学ぶところであるかを暗黙のうちに伝えてしまう性質のものなのである。そこで、この教材がそのままで何を子どもたちに伝えることになるのかをまず見てみよう。

教材『ゆきの日のゆうびんやさん』は、絵本『ゆきのひのゆうびんやさん』に基づいて作られている。両者の違いを見てみると、まず、絵本の方は横書きであるが、教材の方は縦書きである。そして、題名を並べて見ても分かるように、「ひ」が一年生の後半にふさわしい漢字「日」に変換されている。他に変換されている漢字は、中、山、入、見、下、気、手、である。また、本文で使われている「!」のマークが削除され、さらに会話の終わりには「。」が追加されている。このような改変は、この作品だけでなく、現在の教科書全般にわたってなされているものであろう。

ここに見られるのは、現在の学校の文化的状況において伝達されるべきとされる「正しい」知識・技能である。教科書には、それらが系統的・段階的に配置されている。そこから、子どもは、このような「正しい」知識・技能を段階的に習得することが、学校で学ぶことであるということをまず知ることになる。実際、このような知識・技能を、機会を逃さずに次々に習得して行かないと、その習得を前提にして提示される新たな知識・技能の習得は困難である。小学校の低学年においては潜在的であった格差は、学年が進むにつれ、顕在化して来る。道が一つしかないのであるから、落伍者が追い付くのは容易なことではない。この立場に立つ限り、例えばその救済策としての能力別クラス編成は、必要なことであろう。

さて、絵本『ゆきのひの……』では、絵と文がお互いに重要な位置を占め、両者の関係がその作品を味わう上で重要な役割を果たしている。それに対し、教材『ゆきの日の……』は、文章が主で、絵はそれを補足する挿絵としての役割を果たしている。その違いからは、両者の経験のされ方の違いを見ることができる。例えば、絵本の方には、教科書に使われていない次のような場面の絵がある。三びきのねずみがトランプをしている絵、おばあちゃんからのえりまきを出している絵、たぬきやきつねの家をめざしている途中の絵、りんごをさがしている絵、風がやんだ帰り道を見渡している絵、ゆうびんそりで一気にすべりおりている絵、りんごを持ったゆうびんうさぎを見送っている絵、である。それらは、文章が示す世界とは別の角度から、物語の経過を読み手や聞き手が細部に立ち止まって味わえるようにする〈間〉を作り出していると考えることができる。さらに、絵本における文章自体も、一ページずつめくるものとしての絵本の特性を生かして、連続する会話部分の途中でページをめくるところ（「ゆうびんうさぎさん」と「ここであたたまっていらっしゃい」、「やっぱり、はいたつしようよ」と「きつねのおばあさん、ゆうびんです……」、「まあ、なかへおはいり」と「三びきのりっぱなゆうびんやさん！」）や、文章の途中でめくるところ（「……むりやりだんろのそばにすわらせると、」と「いさんではいたつにでかけました。……」、「……どどーっと、ものすごいかぜがふいてきて――」と「三びきのねずみは、ゆきのなかにふきとばされました。……」）が、その〈間〉によって、読み手や聞き手をわくわくどきどきさせたり、ほっとさせたりという、言葉としての効果をさらに高めていると考えることができる。勿論、そのような〈間〉を作り出す仕掛けの多くが消去された教材『ゆきの日の……』には、この部分の十分な効果は期待できず、作品の楽しみ方もその点に関してはストイックにならざるを得ないであろう。つまり、この作品を絵本として楽しんで来た子どもにとって、教材『ゆきの日の……』は、それまで自分なりに楽しんで来たような、作品が喚起する様々な〈間〉による経験が得られにくいものになっていると言うことができるのである。その代わりとして得られるのは、教材に込められた「正しい」知識や技能を〈すき間なく〉習得して行くという経験である。

少し誇張して言えば、この教材がそれ自体として子どもたちに伝えてしまうことは、学校において学ぶこととは、この作品がかつてもたらした、豊かで多様ではあるけれどもどこかとらえどころのない経験を切り捨て、個性的ではないけれども焦点化した「正しい」知識・技能を獲得するために自らを律することである、ということである。

では、「正しい」知識・技能を〈すき間なく〉、つまり系統的・段階的に習得するという目標以外に、学校における学習の目標は存在するのであろうか。ところで、戦後の一時期盛んに試みられた経験学習は、ただ活動させているだけであるとして、その質の低さが批判されて来た結果、現在では、「正しい」知識や技能を「経験を通して」系統的に習得させるという形でその存在が認められるようになっている。従って、大きく対立するとされてきた二つの立場、経験主義と系統主義は、現在の国語科教育では、教育内容の系統化という点において同一の立場に立っていることになる。つまり、現状において、国語科の教育目標として、あらかじめ用意した知識・技能を系統的・段階的に習得させること以外の立場に立つことは、実は相当に難しいのである。けれども、その難しいことを試みなければ、新しい教材論の可能性は閉ざされてしまうであろう。そこで、かつて現在国語科教育が陥っているのと同様の状況を批判し、それに代わる教育のあり方を提案しようとした林竹二の議論を手掛かりに、本教材の新たな可能性を探ってみたい。

林は、一九八〇年に行った講演を次のような言葉で始めている。「現在学校で一般に行われている授業では、予習を前提としていて、子どもたちがどこかで仕入れてきた知識に頼って授業が進められている。したがって、予習などできない子、もち合わせの知識の乏しい子は、始めから授業からしめ出されている。だから私は一般に学校でおこなわれている授業は、はじめからより多くの子どもを切り捨てることによって成立しているのじゃないかと思っています。……中略……これが落ちこぼれとか切り捨ての問題に直結してくるわけです。だが、予習をして来ないということは、学ぶ意志をもたないことでは決してないのです。」

林は、当時話題となっていた「落ちこぼれ」や「切り捨て」の問題をふまえる形でこのような状況認識を示している。従って、二十年後の現在では、この言葉は既に終わってしまった問題を語っているのではないかと思われるかもしれない。なぜなら、学習内容が精選され、塾に通う子どもが多数となった現在、それほど多くの子どもを切り捨てなくても授業が成立するようになっていると考えられるからである。つまり、現在では、表面上「落ちこぼれ」や「切り捨て」の問題は解決してしまっているのである。

けれども、このような解決によってでは、現在でも、林の当時の状況認識がその本質において改められることはないであろう。なぜなら、授業が「子どもの持ちあわせの知識だけ、あるいは発言だけに頼って進められている」という点では、何も変わっていないからであり、また、予習をして来ること、または予習の必要がなくなることは、それだけでは「学ぶ意志」と何の関係もないからである。

予習をして来ている子どもについて、林は同じ講演の中で次のように述べている。「……右の方の子どもは、進学希望の子どもですが、その子は、その頃すでに開国の勉強もしていたようです。参考書をいっぱい持ってきている。知識量が豊富ですから、いろいろ問題を出しても一通り答えるのです。ここに、しめしめとほくそえんだような顔がありますが、その答えを私はきびしく吟味にかけます。そうするとその答えがほんとうにその子ども自身の中に根をもったものであるか、借りものであるかが明らかになります。その答えの根拠を問われて、自ら維持できないことが明らかになって、つぶれるわけです。ところが、普通はそういう子どもにおんぶして授業が進められていて、教師は子どもの発言をきびしく吟味にかけるということはやっていない。その発言が子どもの内部から出てきているのか、ほんとうに子どものものになっているのか、その吟味はほとんどないわけです。それをそのままに通して、それにおんぶして、そのまま進みますから、少数の授業の花形たちは根のない知識によって傲慢になり、予習などできない子や知識の乏しい子は授業からしめ出され、切り捨てられてゆくわけです。」

林はここで落ちこぼれが学習集団から疎外されることと並んで、優等生が甘やかされることで学習それ自身から疎外される状況を描いているのであるが、それから二十年たった現在の状況は、後者の増加によって学校での授業がますます「学ぶ意志」と無縁のものとなっていると言うことができるであろう。つまり、先の林の状況認識は、より深刻な形で現在に切り結んでいるのである。

ところで、林自身は、学校の授業がそのようなもの（林はそれを「一見子どもの自主性を尊重しているようでありながら、実はすべての子どもを学習の主体たらしめる努力の全く欠けている、型の如き授業」と形容している）になってしまっている理由を、戦前の教育の残存に求めている。戦前の教育について林は次のように総括している。「教師の仕事は、国が教えるべきものと定めたものを過不足なく――その通り教えていればよかった。いかに教えるかということだけが教師の専門的な職責だったわけです。」それに対して、林は、戦後の教育について、「教師は、国家にたいしてでなくて、人民に対して直接に責任を負って教育に従うことになったわけです。」と述べ、次のように続ける。「しかし、人民に対して直接に責任を負うというのは、教師が勝手に自分の教えたいことを教えるということではない。それでは人民の奉仕者としての仕事ではないわけです。」

では、教師はどのような仕事をする必要があるのか。その根拠を、林は、憲法第二十六条の、すべての国民はその能力に応じて等しく教育をうける権利をもっているという規定の解釈に求めている。この規定は、一般には教育の機会均等を保証したものと解釈されることが多いのであるが、その部分、英語では to receive an equal education correspondent to their ability、直訳すると「能力に応じて平等な教育を受ける権利」となっているものであるが、林は、そちらの方が憲法の精神を表しているとして、次のように述べる。「すべての国民というのは、学校教育に限定すれば、すべての子どもにその能力に応じて平等なというように書いてあります。すべての子どもは、能力も資質も境遇もそれぞれに違うわけです。その能力も違う、資質も違う、傾向も違う、境遇も違う、その違った境遇、能力によって違った教育を与えるというのではないのです。その違った境遇、違った資質を持った子どもに、同じような教育を与えるというのが、憲法の約束した教育なんです。」

違った境遇、違った資質を持った子どもに、同じような教育を与えること、それを林は、「平等な教育」と呼び、「人民の奉仕者」としての教師の仕事、すなわち責任の所在をそこに見出している。「具体的な教育の場で、すべての子にたいしてそういう平等な教育を与える仕事というのが、教師の責任にかかっているのです。教師自身が、ほんとうにすべての子ども、性質も違い、能力も違い、境遇も違う子どもにたいして平等な教育を与えようとしたら大変な仕事になるわけです。そういう大変な仕事にとりくんでいるから、教師は専門職とみられているわけです。その専門職にふさわしい待遇も何とか保証しようということになっているわけです。」

さて、先に見た、「正しい」知識・技能を、系統的・段階的に習得するという目標に収斂する現在の国語科教育の現状は、林が憂慮していた学校教育全般の状況と同一であると考えることができる。「点数化できない、多様な人間的価値は見失われてしまっているというのが、いまの日本の教育の現状じゃないでしょうか。これは、学校が教育の場ではなくなったということです」と林は述べる。林の立場からは、現在国語の教師に要求されている先に見たような内容の仕事は、「教育という名の事務」にすぎない。そして、そのような「教育を通じて日本は亡びつつある」というのが、林の切実な訴えであった。

そこで以下、作品の教科書化によって指し示される方向性（それは広く現在の国語科教育に行き渡っている方向性でもある）とは別のこの教材の可能性を探るために、林の言う「平等な教育」という観点を採用し、考察を進めることにする。

林にとって、「平等な教育」とは「魂の世話」を行うことであった。「それぞれの子どもが千差万別に、それぞれに持っているかけ替えのない資質（宝）があるわけです。かけ替えがないというのは、すべてが生命の証《あか》しだからです。それを探って掘り起すことが教師の仕事になったわけです」と林は言う。そしてそれは、「人間を人間にするという、ほんとうの意味での人間開放の仕事」でもあった。林の提案する授業は、一つの特徴的な構造を持っている。それは子どもたちに一つの問いを投げかけ、それを教材を媒介とした対話を通して一人一人にとりくませ、内容を深めて行くという構造である。林はそれを「その授業の中でつきつけた問題を、その子どもが自分の体で受けとめ、自分の全身をあげてとりくんでもらえばいいわけです」とまとめている。では、子どもに「自分自身との格闘」を行わせるために、彼はどのような問いを投げかけるのであろうか。それは一言で言えば、「ほんとうに人間が人間であるために、どうしても欠くことのできないものは何か。そういう、人間にとってもっとも本質的な問い」であった。彼が用意する教材は、子どもたちがそのような問題に直面し、「自分自身との格闘」を行うために存在していたのである。つまり、彼の使用した教材は、全てその観点から分析され、用意されていたと考えることができるだろう。そこで、「人間が人間であるために、どうしても欠くことのできないものは何か」という観点から、以下、この教材を検討してみたい。

先に元の絵本と教科書教材を比較した時に、絵本には豊富にある〈間〉を作り出す仕掛けが教材では大きく減少していることを見た。しかしながら、この作品は、おとぎばなしとしての特性上、その語り自体において既にそのような〈間〉を作り出す構造を持っている。つまり、作品が作り出す〈間〉によって喚起される経験のありように、絵本、教科書教材いずれにおいてもこの作品のオリジナリティを見ることができるのである。では、この作品は、それが作り出す〈間〉によってどのような経験を喚起しているのであろうか。

まず、この作品の語り口には、おとぎばなしに固有な定型の一つを見ることができる。

「そとは　ゆき。三びきのねずみが、あたたかい　へやのなかであそんでいました。……」と始まって、「……そのよ、三びきのねずみは、おばあちゃんに、おれいの　てがみを、かきました。そとは、まだ、ゆきでした。」で終わる語りは、一つの虚構世界をイメージさせるための一つのパターン化されたものであり、話の進行も、えりまきが届けられたことで、風邪気味のゆうびんうさぎの代わりに郵便配達に出掛ける導入部から、りすの家、たぬきの家、あなぐまやしきと進むに従って徐々に困難が増して行き、最後のきつねのおばあさんのところでは危機が訪れるが、それを乗り越えてめでたしめでたしの結末となるという、最も単純な順序性と反復性のパターンを見ることができる。このようにパターン化された語り口は、形式上既知の事項との類縁性が高いため、一つ一つの語彙の理解や経験が不足していても、そのお話の世界に入り込みやすいという特徴がある。つまり、その繰り返しながら進行するという形式によって、それぞれの場面を理解するための立ち止まり方を自然な形で示しているのである。そして、この形式の持つもう一つの特徴は、一つのテーマに向かって緊張感を高めていくという効果である。最初のりすの家ではほめられて順調であったが、少し苦労して辿り着いたたぬきの家ではその先の大変さを指摘される。さらに、次に行ったあなぐまやしきの門はしまっており、雪と風はさらに強くなる。そしてついに、きつねのおばあさんのところへ行く途中、三びきのねずみはふきとばされ、荷物のりんごがとびちってしまう。必死で集めようとするが、六つしか集まらない。気軽に引き受けて始めた仕事の責任が重くのしかかり、三びきは途方にくれる。が、きつねのおばあさんのことを考え荷物を配達することにする。――この時点で、語りがもたらす緊張感は頂点に達する。そして、読者はその間、この緊張に耐えなければならないのである。では、この語りは、何に向かって緊張感を高めているのであろうか。それは、予定調和的ではない他者との出会い、であろう。私達が世の中で何かを行おうとする時、必ず生起するのが、このような、予定調和的ではない他者との出会いである。もちろんそれを避けていては何事も実現できない。けれども、そのためにはそのような危機的状態を耐える覚悟と何よりもそれに立ち向かう勇気が必要である。そして、そのような勇気は、林が言うような「自分自身との格闘」を通じてしか獲得することはできないはずのものなのである。

この作品の語り口によってもたらされた緊張感は、それがもたらす〈間〉によって、多かれ少なかれそのような「自分自身との格闘」を経験させることになっていると考えることができるであろう。

ところで、おとぎばなしの常として、このような人間と社会の根幹に関わるようなテーマは、決して悲惨な結末になることはない。これは、現実の社会において悲惨な結末があり得るということと対照的な事態である。けれども、現実に社会を支えているのは、このような勇気と覚悟を伴った楽観主義であることも事実である。おとぎばなしには、そのような楽観主義的構えに通底する重要なモチーフを含んだものが多く存在する。そこで、おとぎばなしにおけるそのようなモチーフについて少し見てみよう。

昔話を研究している小沢俊夫によれば、どの民族の口伝えの話でも、一つの美徳が高く評価される一方で、その反対も評価されるものであるが、「親切」という美徳についてだけは、その反対の「不親切」が肯定的に評価されることは決してないという。それは、お互いの親切こそが、人の世を温かいものに保つ必要最低限の美徳であることを示しているからであり、それ以外の美徳に関しては、うそつきや無精者など、普通は悪徳とされるものも肯定的に語られることが多い。これは、世の中を明るくするために人間というものを幅広くとらえることの意義を示しているということであろう。といっても、もちろん、それらと反対のいわゆる美徳とされるものが、否定的に評価されることもないということである。小沢が指摘するように、昔話は人間の世界というものを全体として映し出しているため、人間の世界を全体として暗くするようなモチーフは認められないのであろう。因みに、最近新聞等で報道された、現在日本の相当数の親が自分の子に対して「やられたらやりかえせ」と教えているという事実は、この、人間社会における必要最低限の美徳に抵触するものであり、社会が成立する根底を潜かに蝕みつつある事態として認識する必要があるであろう。

これまで検討してきた三びきのねずみの物語に関して言えば、この「親切」という美徳をモチーフにしていると言うことができる。

以上、教材『ゆきの日のゆうびんやさん』は、昔話研究の立場からは人間社会成立の根幹に関わる「親切」というモチーフを含んでいることが明らかになった。ところで、実は、同一作者（達）による三びきのねずみが主人公の他の絵本作品においても、同様のモチーフを見ることができる。そこで、三びきのねずみシリーズとも言える一連の作品について、発表順にモチーフという観点から整理してみたい。

まず、一番初めに発表されたのは、『とんとん　とめてくださいな』である。ハイキングに出た帰りに道に迷った三びきのねずみが、主の分からない山小屋に助けを求めて入り込んでいると、同じように迷った二ひきのうさぎや三びきのたぬきが次々に助けを求めてやって来る。並行して不審な事態が重なり、段々と不安が高じていき、最後にはその小屋の主らしき物音と影にすっかりおびえてしまう。この、最初安易に考えていた他者の「親切」に対する不安と緊張感は、その極限状況において、実はその小屋の主は、そのあたりで道に迷った者をよく助けているきこりのくまおじさんだったことが分かることで、一気に解消する。という内容のこの話は、同じような出来事が繰り返されつつ進行することで、他者に対する信頼が危機にさらされているという不安と緊張が段々と高められ、その極限において、一転してその信頼が回復されることで一気にその緊張から解放されるという、このシリーズが持つ基本的な語りの構造が強く見られ、その分人気も高いものになっている。そしてその構造によって支えられているモチーフを一言で言うと、小沢の言う「親切」、言い換えれば、人間が相互に対して無条件に抱く基本的な情愛を再確認すること、となるであろう。

次に発表されたのが、『ゆきのひのゆうびんやさん』である。これも、先に見たように、勇気を奮って訪問したきつねのおばあさんの家で、それまでの苦労が全て報われるような待遇を受け、他者への「親切」を与える側からだけでなく受ける側からも経験することによって、一気に、それまでの予定調和的でない他者との出会いに対する不安と緊張から解放されるという、『とんとん……』と同様の語りの構造を認めることができる。そのモチーフもまた「親切」であることは、先に見た通りである。

さて、三番目に発表されたのは、『はるです　はるのおおそうじ』である。大そうじをしている三びきのねずみの家を、次々と近所にすむどうぶつたちが訪れる。外に運び出された家財道具の中から、まず、親子でやって来てあいさつしたりすのおかあさんが、こんなカーテンを子ども部屋にかけたいと思っていたと言う。それに対して、ほかにもあるからどうぞ、とプレゼントしたのを皮切りに、どうぶつたちが次々にやって来ては、家財道具の中から一つをほめ、よろこんでもらって行く。二ひきのうさぎは、はと時計。きつねのおばあさんは、ゆりいす。リヤカーを引いてやって来たたぬきの一家は、テーブルと椅子。という調子で、家財道具がごっそりなくなってしまう。大そうじが終わってお茶を飲んでいると、そこへやって来たあなぐまが、あいさつして、三びきのねずみの家をほめ、こんな家で花にかこまれて暮らせたらどんなに幸せだろうと言う。さあ、三びきのねずみはこの家をあげてしまったら、すむところがなくなってしまう……。というところで、あなぐまは自分の家の庭に植えるつもりだったばらの苗木を、三びきのねずみの家の庭に植えても良いか、それが咲いたらお茶をごちそうになりに来る、と言ってさっさと植えてしまう。そうして、家財道具を作り直したりしているうちに、ばらの苗木はぐんぐん伸び、やがてねずみたちの家はばらの花にとりかこまれる。すると、近所の人がいつも訪ねて来るようになり、ときどきやって来るあなぐまも、お茶をごちそうになりながら、うっとりとばらの花を眺めた、という内容のこの話にも、「親切」や人の良さというモチーフを見ることができる。そして、『ゆきのひの……』と同様、人の良い「親切」を繰り返しながら他者と出会って行くうちに、他者との関係に対する自らの信頼感がだんだん揺らいで来るところ。そして、最後に危機的事態に直面することでその不安と緊張がピークに達するが、実はその危機が他者の「親切」によるねずみたちへのプレゼントを意味していたことが判明し、事態はいきなり好転する。このような語りの構造もまた、前二作と同じである。

最後は、『とても　とてもあついひ』である。この作品は、前二作と少し語りの趣向が異なっている。ハンモックでひるねをしていたねずみたちは、ぶらんこと手押し車がなくなっていることに気付く。その跡をつけて行った三びきは、同じように盗まれたらしい二ひきのうさぎやたぬきたちと合流し、犯人の家に辿り着く。すると、犯人のしまりすたちは、盗んだもので楽しそうに水遊びをしていた。取り返そうとしたねずみたちは、しまりすたちに水をかけられ、それがきっかけですっかり楽しくなって一緒に遊び出す。けれども、皆で遊ぶには道具が足りないため、元の持ち主が自分達の権利を主張し始め、遊びはすっかりしらけてしまう。そこで皆で思い直して遊び場を作り直し、それによって楽しく充実した夏の午後をすごす、というものである。ここでの語りには、犯人探しの行程での緊張感と一緒に遊び出すことによる解放、遊び道具の独り占めによる危機と皆で遊び場を作ることによる解決、というように、二つの山場を見ることができる。けれども、そのいずれにおいても、他者に対する不信によって緊張が高まり、信頼の回復によってその緊張から解放されるという点に同様の内実を見ることができる。つまり、ここにおける語りの構造が支えているモチーフもまた、「親切」なのである。

以上見てきたように、三びきのねずみシリーズには「親切」というモチーフが共通に見られ、それがこのシリーズの発信する一つのメッセージにもなっているのである。

ところで、このようなシリーズ絵本としての特徴を持つ連作には、その統一性をゆるやかに保つかのように、共通のモチーフが発信されているのを多く見ることができる。そこで、子どもたちに人気のシリーズ絵本について二・三見てみると、まず、ぐりぐらシリーズには、「出会いともてなし」とも言うべきモチーフがある。また、ばばばあちゃんシリーズには「意欲と遂行」、十一ぴきのねこシリーズには「出来心とその報い」というように、それぞれのシリーズから受ける印象には、一定のモチーフが伴っているのを見ることができる。実際にこれらのシリーズが子どもたちの強い支持を受けている理由の一つとして、そのようなモチーフの持つある種の力に着目することができるであろう。

最後に、教材『ゆきの日のゆうびんやさん』を媒介として、どのように子どもたちを林の言う「人間が人間であるために、どうしても欠くことのできないものは何か」という「人間にとってもっとも本質的な問い」に対面させ、「自分自身との格闘」を行わせれば良いのか。ここまでの考察から分かるように、その答えは、そのための〈間〉をいかに作り出すか、ということに掛かっているはずである。

【参考文献】
林竹二著『教育亡国』（ちくま学芸文庫　一九九五）
小沢俊夫著『昔ばなしとは何か』（福武文庫　一九九〇）

所感交感

〈文学〉を求めて

友重幸四郎

戸田氏の論考の前半部に、〈間〉についての指摘がある。氏によれば、原作の絵本には、読み手が細部に立ち止まって味わえるようにする〈間〉(絵)や、「わくわくどきどきさせたり、ほっとさせたり」するような〈間〉(連続する会話部分の途中でページをめくる箇所)があり、読み手はそれらの〈間〉によって「豊かで多様ではあるけれどもどこかとらえどころのない経験」を得ることができたが、それらは教材化の過程で消去・削減され、その結果として言語上の「『正しい』知識や技能を〈すき間なく〉習得して行くという経験」だけが残ったという。確かに、絵本には氏のいうような〈間〉が存在し、それによってある特殊な経験を味わうことができる。しかし〈間〉は、読み手をお話の世界に引き込むための一つの技巧にすぎず、〈教材〉という問題を考えた場合、基本的な事項になり得るかどうか疑問に思う。

氏は、教材化の過程で、例えば横書きから縦書きへ、仮名から漢字へ、その他いくつかの記号の削除・追加という改変があったという。教科書では、それらは系統的・段階的に配置され、そこから、絵本に親しんできた子どもは「『正しい』知識・技能を段階的に習得することが、学校で学ぶことである」と知ることになるという。今日の国語科の教師にとって、そのような知識・技能の系統的教育以外の立場に立つことは相当に困難だが、その困難に挑まなければ、新しい教材論の可能性は閉ざされてしまうという。しかし、もともと国語教材は、そういう言語上の知識・技能を習得させるという役割をも担ってきたのではないか。問題は、言語・技能教育の是非ではなく、言語教育が、文学教育を支えるものとして、あるいは一体のものとして位置づけられてはこなかったというところにある。（教育課程審議会の平成九年中間まとめや翌十年本答審の内容からもわかるように、この傾向はますます顕著になっている。）氏は、「林竹二の議論」を手掛かりに、知識・技能以外の教材の「新たな可能性」を探りたいとする。その林の提唱する授業は、「子どもたちに一つの問いを投げかけ、それを教材を媒介とした対話を通して一人一人にとりくませ、内容を深めて行く」という形をとる。その問いは、「ほんとうに人間が人間であるために、どうしても欠くことのできないものは何か。そういう、人間にとってもっとも本質的な問い」であるという。しかし、筆者は、その林の問いにある種の恣意性・誘導性を感じる。こういう形の問いでは、例えば「他者に対する信頼」や、「親切」「おもいやり」といった徳目的道徳的な「正しい」答えに行き着くだけではないのか。筆者もまた、教室では、子ども達への問い掛け（作品の読みについての問い）から始める。そして、対話を重ねながら〈正解〉を目指す。しかし、もともと実体としては存在しない〈正解〉に到達できるとは考えない。〈正解〉を目指す、つまりそういう動的な過程の中で生じる議論や葛藤を大事にしたい。教材を媒介にするのではなく、教材自体の〈ことばの仕組み〉の探究を通じて、また議論を通して、その教材自体と読み手自身の不断の発見を目指す――そこに文学教育の意味も存するように思われる。

氏の論考の後半部は、『ゆきのひのゆうびんやさん』も含めた絵本「三匹のねずみ」シリーズの分析となっている。それによれば、作品の語り口には「単純な順序性と反復性のパターン」という、おとぎばなしに固有な型があり、その特徴として「一つのテーマに向かって緊張感を高めていくという効果」もみられるという。おとぎばなしには「楽観主義的構えに通底する重要なモチーフ」を含んだものが多く、「三匹のねずみ」の物語に関しては、「親切」という美徳がモチーフになっているとする。筆者もまた、この作品には、その「単線的なストーリー」性から、昔話の手法が用いられていると述べた。しかし、氏がそのおとぎばなしの手法及びモチーフを肯定的に捉えているのに対し、筆者は否定的に捉えた。筆者は、基本的に、児童文学は幼年ものといえども、おとぎばなし・昔話そのものであってはならず、現代や現代人の心を反映したところの〈文学〉でなければならないと考える。戸田氏が、四つのねずみシリーズの分析の中から、「他者に対する信頼」や、昔話に共通するところの「親切」を抽出しても、それは作品の表層をなぞっただけのことであり、作品を〈読んだ〉ということにはならないのではないか。とはいえ、筆者自身もこの作品には表層の世界をしか見ることができない。読み手を変えてくれるところの〈深層〉や〈ことばの仕組み〉を発見できずにいる。現代のおとぎばなしとして完成されてはいても、〈文学〉性に富んだ作品とはいい得ないでいる。

所感交感

研究することの意味を自問する

戸田　功

例えば優秀な児童文学研究者が、凡庸な国語教育研究者である私でさえ避ける旧来の教育研究パラダイムにどっぷり浸っているからといって、それを咎めるのは少々不当なことではないだろうか。むしろ、そこから自らに向かって新たな問いを立ち上げる必要があるのでは……。

そう考えたのは、今回友重氏の文章を読んで、児童文学研究というものがどういうものか、私なりに目を開かされた思いがしたからであろう。――児童文学研究は、児童文学の創造と密接な関係があるらしいこと。そして、児童文学の創造の歴史は、既存の子ども観におけるタブーを破り、より子どもに近づくこと、すなわち新たな子ども観を提示する歴史であるらしいこと。さらに、その立場からは、教材『ゆきの日のゆうびんやさん』はかなり低い評価しか与えられないらしいこと、等々。読んでいて、その領域を支配するルールの厳しさを納得させられるとともに、私の日常感覚からは少々驚きでもあった。

私はといえば、この作品がそのような「児童文学」であるとはつゆ知らず、ただ「絵本」や「昔話」としてばかり考えていた。そして、創造する側の課題よりは、子どもがいる場での様々な受容形態の方に意識が向いていたのである。勢い、私は「児童文学」はヤバイかも、と思いながらも、つい、「児童文学」がなんだ、「絵本」や「昔話」でなにが悪い、今時の子は初歩的で単純な「児童文学」を楽しんではいけないのか、などと思ってしまったのであった。友重先生、ごめんなさい。

このように私は、児童文学研究の領域では、おそらく既に駆逐されてしまったかもしれない旧来のパラダイムにどっぷり浸っていたのである。けれども、素人の浅はかさか、私にはこれまでのところ、より子どもに近づくことで内容が濃くなったらしい「児童文学」であっても、必ずしも贔屓にすることができないでいる。むしろ私の場合、中身がスカスカでステレオタイプの「昔話」や、訳が分からないけれどももちろん大したものではない、けれど何か面白い気がする「絵本」など、おそらくは今の「児童文学」では駄作でしかないものの中に、却って子どもにより近いと思われるものを見つけることが多いようなのである。

一方で、国語教育研究者という一種の専門家でもある私は、文学教材から読みとれる内容をそのまま教えるべきものとして疑わない友重氏の文章に、ある種の違和感を覚えずにはいられなかった。国語教育研究の近年の問題意識は、かつてのように文学教材から読みとるべき内容を強く押し出すのではなくて、むしろそれを禁欲する方向、例えば読み手の主体性を最大限に生かす、又は、教えるべき内容を論理的な事項等のいわゆる言語技術のみに限定するなど、教材から読みとるべき内容はあらかじめ決めておかないか、又は最小限に留めておくというのが既に一般的になっているからである。

けれども、それは国語教育研究の中での話である。専門家としての私が感じた違和感（これはとりも直さず、専門家としての友重氏が私の文章に感じるであろう違和感と同質のものでもあろう）は、素人としての私が友重氏の文章に感じた違和感を前にして再検討される必要があるのではないだろうか。

その場合、さし当たって考えておかなければならないのは、研究的言説の持つ一種の規範的拘束力の問題であろう。本来自由な人間の創造行為であっても、それを認識することは、既に何らかの形で創造の自由を制限することになる。研究的言説の持つこの側面に無自覚な場合、例えば往々にして失われやすいのが「意欲する自由」であり「間違える勇気」である。先に述べた素人としての私が友重氏の研究的言説に感じたものは、この「意欲する自由」・「間違える勇気」への脅威であったと考えることができるであろう。もちろん、結果的に「創造」の名に価しないものを切り捨てることも、価値ある「創造」に光を当てるためには必要なことではある。けれども、それによって、ある種の手応えを持って試行錯誤している創造の主体や創造の現場が見えにくくなってしまうことも、見逃せない事実であろう。

さて、国語教育研究は、国語教育実践の創造と切り離せない関係にある。そして、国語教育実践の創造の歴史は、一人一人の教師が、子どもとの関係をそれぞれに引き受けることによって、より子どもと出会うこと、つまり、他者としての子どもと関係を結び、その関係を深めて行こうとする歴史であると言うことができる。その意味で、教師とは子どもとの関係を引き受けることの専門家なのであり、私達は、国語教育実践の創造の主体をそこに見出すことができるはずなのである。

それでは、一体、私達国語教育研究者の言説は、そのような創造の主体である教師にとってどのような意味を持っているのであろうか。……かくして、友重氏の文章を素人として軽い気持ちで読んだ私が受け取ったものは、専門家としての自分に対する極めて重い問いかけなのであった。

HISTORY＆DATA●ゆきの日のゆうびんやさん

作品DATA

［出典］ ぶん・こいで たん え・こいで やすこ『ゆきのひの ゆうびんやさん』〈福音館幼児絵本〉（九二 福音館書店）

［初出］ 福音館書店のペーパーバック絵本（八七 福音館書店）

［教科書への掲載］ 東京書籍＝平成8→12

作家DATA

［作者］ こいで たん 小出 淡（一九三八―一九八六） 東京生まれ。早稲田大学卒業。『ほおずきまつり』で、第六回日本児童文学者協会新人賞を受賞。『とんとんとめてくださいな』（八六 福音館書店）、『おおかみ こわい』（八三 佑学社）、『ちびねこの ちょび』（八四 福音館書店）、『なぞなぞかけた』（八五 小峰書店）、『ジャンジャンはかせとちびきょうりゅう』（八五 小峰書店）などの作品がある。

［画家］ こいで やすこ 小出 保子（一九三八― ） 福島県生まれ。桑沢デザイン研究所卒業。こいでたんとの絵本のほか、多数の絵本がある。

参考

※日本児童文学者協会賞と日本児童文学者協会新人賞

児童文学者協会（日本児童文学者協会）は、一九五一（昭和26）年、創作を活発化するために、「児童文学者協会児童文学賞」を、新人発掘のために「児童文学者協会新人賞」を創設し、前者の第一回は、岡本良雄『ラクダイ横町』『あすもおかしいか』『イッモシズカニ』に対して贈られ、後者の第一回は、松谷みよ子『貝になった子供』に対して贈られた。一九六一（昭和36）年、両賞を合併して「日本児童文学者協会賞」が設けられ、鈴木実らの『山がないてる』が受賞。一九六六（昭和41）年には、「短編賞」が新設されたが、二回で中止。代わって、一九六八（昭和43）年、「日本児童文学者協会新人賞」が設けられ、すぐれた児童文学作品（単行本）を世に送った新人に贈られることになった。一回めの受賞は、宮下和男『きょうまんさまの夜』、あまんきみこ『車のいろは空のいろ』。主催は、社団法人・日本児童文学者協会。非公募。

私の最初の文学体験

磯貝　英夫

私の小学校時代は一九三〇年代だから、ずいぶん古い話になる。私は、そんな時代の私自身の個人的文学体験をよみがえらせて、若干のことを書きたいと思うのだが、そんな古い話を、しかも、以前に一度は書いたことのある話を再度持ちだそうとするには、理由がある。文学の話は己の内的体験を出発点とすることが最も確実だと考えていることが、その理由の第一、にもかかわらず、文学教育の実践者たちが、たとえば感動第一を強調しながら、子どもの感動には雄弁でありつつ、己の感動にはひどく寡黙であること――もっと正確に言えば、私の管見のなかにそれがとどくことがまれであることについて、かねがねいぶかしく思いつづけてきたことが、その理由の第二である。

小学校五年次のことにまちがいないが、私は、『全科』と称していた各教材総合参考書のような書物のなかで、綴り方の模範文として、志賀直哉の『城の崎にて』のなかの、有名な蜂の部分の抜粋文に出くわした。周知のように、これは、谷崎潤一郎が『文章読本』で引用激賞して以来有名になったもので、その余波がこんなところに及んだものと察せられるが、私は、そのときの強烈な印象をいまも忘れられないでいる。

先に、私の当時の読書環境についてふれれば、私が読みもの好きの子どもであったことだけは確実で、すべての小遣いで少年雑誌類をかき集めて読みふけり、それだけでは足りず、周辺にある大人の大衆雑誌も読みあさるようになり、おかげで目を悪くし、しかし、そのために軍国少年の枠組みにかこいこまれることをまぬがれるという幸運にもありついた。それはとにかく、当時のサブ・カルチュアに首までつかっていたわけで、しかし、そのレベル以上のものに接する環境は私にはなかった。

そこへ『城の崎にて』である。こちらは、綴り方のタネを盗もうという下心があって、かなりていねいに読んだようである。その結果、それまでに経験したことのないふしぎな感情にとらわれた。自分に親しい、しかし、それよりもさらに濃密な自然の大気につつみこまれるような感じを持ったのである。それは快感であった。しばらくその快感に身をゆだねていたような気がする。のちのことばで、小宇宙を感じたとでも言えば、分かってもらいやすいだろうか。

とにかく、この印象は鮮烈で、この文章は、これまで読んだどの文章ともちがうと思った。そして、のちのち、あれこそは最初の文学体験であったと反芻することになるのだが、しかし、実は、印象はそれだけに止まってはいなかった。ご承知のように、この文章は、「淋しい」ということばと「静かだ」ということばのリフレインでしめくくられるのだが、私は、そのことばを心の奥深くに刻みこみながら（ずっとのちに『城の崎にて』を初めて読んだとき、これらのことばにまで到達したところで、一挙にすべてがよみがえって、記憶のなかの文章がこの作品と結びついた。）、その心情がうまく納得できず、この大人はよほど変わった人であるか、あるいはよほど悲しいことにぶつかった人ではないかなどと、いろいろ考えながら、結局、よく分からなかった。

つまり、子どもの私は、この文章の魅惑に陶酔的にまきこまれつつ、同時に、なぞをかかえこんでいたことになる。この文章への私の感銘は、実はこの両面を含んで成立していたのではないかと、やがての私は考えるようになるのだが、その時は結局どうなったか。私は、綴り方の材料を盗もうと思って、この文章に近づいたのだが、こんな文章書けるわけがないと気がついて、早々に退散した。これも感想の一つだが、この感想には、このなぞの感じが関与していたように思う。

いまの大人の私は、このなぞのところに、死の想念にとりつかれた男ということばを与えることができる。しかし、子どもの私は、死んだ一ぴきの蜂を含む蜂たちの動きを異様なほどの鮮明さで頭に思いえがきつつ、死という観念などは、かけらも頭をよぎらなかった。多分、死という抽象概念自体が、子どもの私の頭のなかにまったくなかったせいだと思う。かりに、当時、この作品を全部読まされ、死の主題について解説を受けたとしても、そのことばは、多分、空まわりするだけだっただろう。

それでいったいなにを読んだのかと叱られそうだが、考えてみれば、大人は、死ということばを持ち出すことで、分かったような気になっているものの、死の実体はやはりなにも分からないのだから、五十歩百歩という気がしなくもない。

さらにコッケイなことがある。この主人公は、旅館の二階の部屋の廊下に腰かけて、見下ろし気味に玄関の屋根の上の蜂のドラマを眺めているのだが、そのことが、私の文章記憶のなかから完全に脱落していた。二階からの見物だとは、私は毛ほども意識しなかった。読めども読まずとはこのことだが、どうも、それは、私の生家が平屋で、その時までに私が二階体験をまったく持っていなかったことに基本的に由来するもののように思われる。たしかに、私は、自分の家の一角を思いうかべていた。そして、庭をふくむその一帯の雰囲気があざやかに立ちあがるのを感じて、興奮したのである。

なにを読んでいたのかともう一度思う。これはたしかに誤読だが、ひるがえって言えば、そんな誤読を平気でさせてしまうほどにも、ことばの呼びおこす像は、読者の体験的なものによりそって現れるということができるだろうか。

以上が、まことにささやかな、しかし、それなりに強烈だった文章体験の反省措定のおおよそである。

ここから、すでにスコラ化している文学存在論議に進み出ようとする気持ちは今の私にはない。こんな体験話を持ち出した私の関心はおおよそ二つ。ひとつは、私たちを強くまきこむ文章、言いかえれば、像喚起力の強い文章は存在するということ。しかし、かるいことばの消費が日常化している現在、私たちは、そういうことばに対する感受性をにぶらされてしまっているのではないかという懸念。もうひとつは、ことばによる結像力は、読者の広い意味での体験と大きく連動しているということ、しかし、現在の社会情勢のなかでの特に子どもの生活体験の空洞化、希薄化が、そういう結像力――文学享受力を退化させているのではないかという懸念。

まずそんなところであるが、私は、現在のような社会状況のなかで、また、予想される将来社会のなかで、だからこそ、文学の教育は、いよいよ重要であり、また必要であると考えている者のひとりである。

サラダでげんき

角野　栄子

大塚　美保／岩永　正史

「げんき」はどこからやって来る？
――角野栄子『サラダでげんき』をめぐって――

大塚　美保

一　はじめに

『サラダでげんき』を論ずるにあたり、〈文学研究〉からのアプローチとして、どのような方法が考えられるだろうか。(1)作者角野栄子、画家長新太の経歴および文学（美術）活動歴を基軸とする作家論的研究？(2)この教材を、自立した言語構造体と捉えてのテクスト分析？(3)この教材を、さまざまな社会・文化現象の一端と捉えての文化研究？(4)本文批評《テキスト・クリティック》？(5)この教材が生産・消費される過程や物理的形態に注目したメディア論？

このうち、(1)は、教材一般が教科書上で享受される形態にもっとも遠いため、深入りしても生産的とは思われず、むしろ同じ理由から(2)を優先すべきと考えられる。次に(3)だが、児童文学への政治的・社会的・文化的な諸々のイデオロギーの浸透については、すでに多くの研究があり、ここで改めて繰り返すまでもあるまいと思われる。ただし、本教材中の「母と娘」「料理」という設定は、ジェンダー論的な視点をとくに要請することだろう。つづく(4)は、本教材の本文生成の特殊事情により、重要な論点となることが予想される。その際、出典が絵本であったというメディア上の条件が、本文の異同の一因となっているため、(5)を考慮する必要が生じるだろう。以上の理由から、本稿では(2)と(4)を中心に、必要に応じて(1)(3)(5)を加味しつつ、論を進めたい。

『サラダでげんき』からの引用は、東京書籍の平成十二年度版小学校用教科書『新訂あたらしいこくご一下』による。原文では文節ごとに一字アキが設けられているが、引用では原則として詰めて表記する。

二　サラダの「げんき」はどこから来るか？　――テクストの分析――

『サラダでげんき』は、宮沢賢治『セロ弾きのゴーシュ』と同様、ある課題を抱えた主人公のもとにさまざまな動物が訪れ、それぞれの特性や能力によって課題解決に向けて助力する、という構造を持っている。ゴーシュの課題は、演奏技術の向上と演奏家としての人間的成長だが、りっちゃんの課題は、病気の「おかあさん」を元気にすること、そのために、食べれば「たちまちげんきになってしまうような」サラダを作り上げることである。「げんき」にすること、〈力〉を与えること――ここでの〈力〉は、生命力、活力、能力、体力、気力など多種多様な力を内包する意味で用いたいのだが、そのような〈エンパワーメント〉=〈力〉の付与こそが、この物語の各構成要素を統一する、あるいは各構成要素の母型となる概念だと言えよう。

(一)〈エンパワーメント〉の諸相

〈エンパワーメント〉はさまざまな形をとって物語中に現れる。たとえば、まず「りっちゃん」という名前。作家論的な情報を参照するなら、角野栄子が作品成立の契機について語った次のような自解(1)がある。「娘が小さかったとき、気分の悪い私のためにつくってくれたサラダ」には「トマト、レタス、きゅうりの他に、なんとマシュマロや煮干、チョコレートがのり、マヨネーズとケチャップの二重丸がついていた(中略)彼女がサラダを作りながら材料の一つ一つとどんな会話を交わしたのかしらと想像してみ」た、と。ここから、角野の娘の名「リオ」が「りっちゃん」の名の由来であると結論することもできるが、この種の実体験還元主義は、物語中唯一の固有名詞という特権的地位を持つこの名前が、物語において果たすであろう特殊な機能をなんら説明しない。リッチャンという音連続は、促音と撥音を多く含み、濁音を含まない。頭の「リ」音のシャープさも加わって、弾むようなはつらつとした印象を与える。「げんき」を与える存在という、この主人公の役割によく適合するのである。

次に、食物ということについて。病気の母に対する最高の〈エンパワーメント〉としてりっちゃんが選んだのは、「かたをたたいてあげ」ることでも、「なぞなぞごっこ」でも、「くすぐって、わらわせ」ることでもなく、食物を用意することだった。〈食べること〉は、物理的にも文化的にも〈エンパワーメント〉ともっとも縁の深い行為である。それは身体と生命を養う基本であるのみならず、時には心を癒して人を元気づけたり、人と人とを媒介し結び付けたりもする。(吉本ばなな『満月――キッチン2』のカツ丼はその好例である。)また、カニバリズム(人肉食)が、打ち倒した敵の肉を食べることで敵の力を取り入れる意味を持つように、自分以外の個体や外部環境に属するすぐれた諸力を、自分の身体に獲得するという、一種呪術的な行為ともなる。他者ないし外部の〈力〉の獲得というこの側面は、『サラダでげんき』において、動物たちによるさまざまな食材の推薦という形で、存分に活かされている。(二)で後述する。)

さらに、サラダについて。さまざまな食材をミックスして作られるサラダは、動物たちを通じて贈られたさまざまな〈力〉を取り込むことができる料理だと言える。この点ではシチュー、スープ、鍋物、お好み焼き等も同じ資格を持つが、サラダはこれらとも異なり、基本的に調理に加熱を要しないという特徴を持つ。それゆえ、子供のりっちゃんにも容易に調理できる。しかし譬喩のレベルに注目する時、より重要なのは、サラダにおいては加熱によって各素材が溶けたり潰れたりすることなく、現形を維持することであろう。さまざまな〈力〉が損なわれることなく、効果的におかあさんに届く、という寓意をそこに見出すことができる。これに加えて、サラダ―生野菜―ビタミン―健康、というおなじみのサラダ神話を想起することもできる。アメリカ渡来のこの神話が流布する言説空間ならどこでも、サラダは〈健康〉の象徴、折り紙付きの「げんき」のもと、と意味づけられているはずである。

(二) 食材の〈力〉

当初、キュウリ、トマト、キャベツを刻んでサラダを用意していたりっちゃんに、「のらねこ」が鰹節を加えるよう勧めたのを皮切りに、動物たちが次々と訪れては、めいめいの好物を推薦し、りっちゃんはそのすべてをサラダに加えて行く。読者は、これらのシークエンスを読み進める過程で、動物の登場―食材の推薦―サラダへの追加、という反復の様式性をしだいに意識し始めるとともに、動物たちの助言が、たんに自分の好物を勧めるこっけいな独善という以上の、なんらかの譬喩性を帯びていることを認識し始める。鰹節を食べれば「すぐにげんきに」なり、「ねこみたいに」「木のぼりだってじょうずに」なれる、という「のらねこ」の勧誘に端的に現れているとおり、ある食物を摂ることは、その食物を好んで食べる動物の〈力〉をわがものとすることなのである。

「となりの犬」が勧めるハムは、台所に「とびこんでき」たというこの犬の俊敏さや、「ほっぺたがたちまちもいろにひかりだす」血気を。「すずめ」のトウモロコシは、窓辺に「とんでき」たこの鳥の飛行能力や、じょうずに「うた」う能力を。「あり」の砂糖は、「いつもはたらきもの」である彼らの忍耐強さや強靭な体力を。「うま」のニンジンは、「かけっこはいつも一とうしょう」という優れた脚力や、警察業務（この馬は「おまわりさん」を乗せている）に従事する強さ・頼もしさを。「白くま」が電報で勧める昆布は、北極海の寒さにも「かぜひかぬ」抵抗力や、大きな体と強い力を持つ熊のエネルギーとを、サラダにプラスする。これらの助言に従う際のりっちゃんは、犬に対しては彼のスピーディーで血気盛んな様子に感応したように「大いそぎで」ハムを、雀に対しては「チュピ、チュピ、チュ」と雀語（?）で答えてトウモロコシを加えている。つまり、彼女自身、彼らの〈力〉を分け与えられつつ、サラダを作っているのである。

そして、最後に登場した「アフリカぞう」は、油と塩と酢のドレッシングをサラダに加え、スプーンを鼻でにぎって「くりんくりんと」かき混ぜ、完成させてくれる。このシークエンスに限って言えば、アフリカ象ならではの新たな食材が追加されるわけではない。彼の役割は、これまでの各種食材を一体の新たな〈食物〉にまとめ上げること、譬喩のレベルでは、動物たちが与えてくれた〈力〉のすべてを総合することにある。象は、登場する動物たちの中で最大・最強の生き物としてこの〝偉業〟をなし、こうした形で彼の〈力〉もまたサラダに宿るのである。

りっちゃんのサラダはまた、動物由来とは別途の〈力〉を取り込んでもいる。白熊―昆布の〈力〉は地球の北の寒い海から、一方、アフリカ象の〈力〉は地球の南の暑い陸から来る。白熊は（北極）海に、雀は空に、蟻はときに地中に、その他は地上に棲む。鰹節は魚から、ハムは獣から作られたもの、その他の食材は植物性である。つまり、各種食材の背景には、全地球ないし全自然の〈力〉が控えているのである。そのこともまた、りっちゃんのサラダの「げんき」の秘密だと言えよう。

(三) ジェンダー論的に

一方、角度を変えて、このテクストの政治的側面に目を向けることも重要である。すべて言葉というものがそうであるように、『サラダでげんき』を構成する言葉もまた、(作者が意識するとせざるとに関わらず、)その言語が使用されている社会・文化の価値体系や権力関係によって、不可避的に浸透されている。したがって、このテクストについて、たとえば次のようなジェンダー論的な指摘を行うことができる。第一に、女児りっちゃんが料理をするという設定は、料理は女性に〝適した〟、女性がなすべき営為である、というメッセージを構成する可能性がある。(2) 第二に、〈力強さ〉の概念が一般に男性ジェンダー化されている以上、〈力〉の付与の物語である『サラダでげんき』は、女性の被抑圧的立場を表象するテクストとして読まれる可能性を内蔵している、と。

後者に関連して、教師用指導書(東京書籍　平成十二年度版、以下「指導書」と略記)に見える次のコメントに注意したい。動物たちの助言を「受け入れるりっちゃんの素直さが栄養満点のサラダにしたと考えたい」とし、また、アフリカ象によるサラダのミキシングを、「子供のりっちゃんにはできない仕事をしてくれたのである」と評している。一見、女性に対する抑圧の問題とは無関係であり、また首肯すべき意見のように見えるが、このコメントの背後には、「いまだ無力・無能であり、それゆえ素直に学ぶべき立場にある子供」という〝教育的な〟子供観がかいま見える。こうした子供観が女性主人公に適用される時、どのような論理が生じるだろうか。指導書の通り、アフリカ象のしたことが「りっちゃんにはできない仕事」だったとしよう。それにより、彼女が、ドレッシングで和えるというサラダの製法を知らなかったことが前景化され、その無知が強調されることになるだろう。彼女は無知・無能ゆえに、あるいは無知・無能の自覚ゆえに、動物たちの助言を「素直に」聞き入れたことになる。その動物たちの多くは、犬・蟻・馬・熊・象と、一般に男性ジェンダー化されている動物である。蟻は組織力・労働・勤勉の換喩となるし、ここでの馬は、もっとも〝男性的〟な職業の一つである警官を乗せてさえいるのだ。ここに、無知・無能にして、〈男性〉に教えられることでしか行動しえない娘と、病んだ弱者である母――というネガティヴな母娘像が出現するだろう。むろんこれは一種強引な極論だが、このテクストの読みに、子供観にせよジェンダー観にせよ、知／無知、成熟／未熟、教導／従順、といった優劣図式を安易に持ち込むことの危うさを確認したいのである。

後にも触れるが（三の㈠）、『サラダでげんき』におけるりっちゃんと動物たちは、そもそも人間／動物という差異（または優劣）さえ前提としない、対等かつ親和的な関係にあると見ることができる。優劣図式ではなく、このような対等図式を前景化した場合、動物たち・全地球・全自然の〈力〉に近しく関わることのできるポジティヴな存在として、りっちゃんやおかあさん、すなわち〈食〉をめぐる営為に携わる女性たちの系譜を位置づけることが可能になるだろう。作家論的に見た場合、より適合するのは、こうした非抑圧的な読みの方であろうと考えられる。角野栄子は『わたしのママはしずかさん』（一九八〇　偕成社）、『魔女の宅急便』（一九八五　福音館書店）等の代表作において、母から娘に伝えられる技術や価値を描き、連帯するポジティヴな母娘像を提示しているからである。ただしこの読みも、〈女性〉と〈自然〉という二概念の安直な連結に立脚する点で、なおジェンダー論的な批判を免れないことを意識しておく必要がある。

三　原典の「げんき」は活かされたか？　――本文批評《テキスト・クリティック》――

『サラダでげんき』は、もと福音館書店「こどものとも」三〇二号（一九八一・五）として発表された、創作絵本である。この原典と教科書版、両者の本文の間には、大きく分けて二つのレベルの異同があると言える。第一に、「作者の了解を得て、表記、表現に修正を加えている」との断り書きが指導書にあるとおり、文字情報としての本文（仮に「狭義の本文」と呼ぶ）に、教科書編集の段階でかなりの改変が加えられていること(3)。第二に、絵と文、両者の関係が総体として本文（仮に「広義の本文」と呼ぶ）をなす絵本に対し、文が主体で、絵はあくまで挿絵にとどまる教科書、という、メディアの特性から来る異同が生じていること、である。以下、これらについて検討してみよう。

㈠　狭義の本文レベルの異同

萬屋秀雄(4)によると、小学校国語教科書の文学教材においては、かつて「目に余るカット（圧縮）、改竄がまかり通っていた」が、関口安義(5)による本文批評《テキスト・クリティック》の重要性の主張をきっかけに、昭和五十五年度版以降、「原典主義」「原作尊重主義」が確立されたという。本教材の場合、その「修正」（前掲指導書）のあり方は、原典・原作の尊重という面からも（作者の了解を得たとはいえ、かくも大量の改変を容認してよいか、また必要か？）、文学教材としての〈文学性〉の面からも、多くの問題を含むように見える。

まず、異同一覧〈注(3)参照〉の①②を見ると、原典の「いいことしてあげたい」が、教科書では「いいことをしてあげたい」に、「わらわせちゃおうかな」が「わらわせてあげようかな」に改められている（傍線引用者、以下同様）。②に見られるその他の改変を含め、これらはいずれも、助詞を省略したり、特定地域のみで用いられる方言（ここでは「～ちゃう」）を含むくだけた話し言葉を避け、文法的な正確さと、標準語の使用を基準としてなされた訂正(6)と考えられる。

だが、これら原典の〝逸脱した〟表現は、じつは音読された際のリズム上の効果をねらって、作者が選択したものである可能性が高い。角野栄子が「リズムへの関心からか、作品ができると、声を出して三回、四回とぜんぶ読んでみます。（中略）自分の体のリズムと合わないものはなおしていっちゃう(7)」と述べていることが、それを裏づける。リズム意識は、③においてもっとも顕著に見て取れる。原典の「きゅうりはーとんとんとん、／きゃべつはーしゃしゃしゃき、／とまとはーすとんとんとん、ときって」では、助詞「は」の反復が三行それぞれの構造的等質性を明確にし、小気味よいリズムを産み出している。だが、改変後の「きゅうりをートントントン、キャベツはーシャシャシャキ、トマトもーストントントンときって」では、「は」の反復が失われるに伴い、リズムも弱体化してしまっている。

同様の事態は、⑤⑦⑩⑭⑰にも認められる。原典では、新たな動物が登場する際には、かならず接続詞「すると」が用いられている。この反復により、「すると」の語を、物語の新しい展開を予示し、読者に期待を抱かせるための、効果的な記号として機能させることに成功しているのである。しかし、この「すると」の予示機能も、「すると」以外の〝バラエティー豊かな〟代替表現を含む教科書本文では失われている。

これらの「修正」の背後には、反復を幼稚な言語技術と見る価値判断と、言語の音声面に対する軽視があるように見える。同一語の反復使用よりも、多様な語彙・表現の習得のほうが学習上有意義なことは、一般論としては納得できる。しかし、昔話から詩にいたるまで、文学における〈反復〉とは、決して表現の貧困を意味しない。音声と視覚、両面における美的効果を産むとともに、内容的にも高度の機能を負う、洗練されたレトリックなのである。それを破壊しているという意味で、これら「修正」は文学的には改悪である。

その他、改悪と思われる例を三つほどあげてみたい。まず、⑧⑨では、窓辺に雀が訪れ、さえずりながら「とうもろこし入れなきゃ、げんきになれない。うたもじょうずになれない」と助言する。りっちゃんも鳥のさえずりを真似つつ「まあ、ありがとう」と答える。前述したように、トウモロコシをサラダに加えることは、それを好んで食べる雀の〈力〉を摂取することであり、その〈力〉の一つが雀自身の言葉にある「うた」う能力である。原典での雀のさえずり声が、「ぴっぴっ、ぴっぴっ」という笛の音を思わせるオノマトぺや、「み・そ・ら・し・ど」という音階であるのは、明らかに、この「うた」（音楽）との緊密な相互関連性によるものである。文学的なテクストとは、このような言語間の有機的な相互関連性によって構成された構造体のことに他ならない。しかし、改変後のさえずりは「チュッ、チュッ」「チュピ、チュピ、チュ」というありふれた擬声語であり、「うた」との関連性は希薄になってしまっている。

次に㉒アフリカ象が鼻でスプーンを握り、サラダをかきまぜて仕上げる場面の教科書本文には、原典にない「力づよく」[8]の語が加筆されている。これは新出漢字「力」の学習を意図したものと推定されるが、文脈上自明のことを添加した蛇足と言わざるをえない。文学テクストを〈読む〉能力の養成という観点からいえば、「象」という語が、それそのものを意味する（デノテーション・明示的意味）ばかりでなく、「力強さ」という、書かれざる二次的な意味（コノテーション・暗示的意味）を産み出すシステムを学ぶことが重要なのである。詩的言語、すなわち言語の文学的使用法の特性とは、一つに、こうしたコノテーションを産み出す力の豊かさにある。飛行機を操縦してアフリカから飛んで来た象、距離・能力・体軀、すべての点で他の動物たちから抜きん出た、この破格の存在の「力強さ」は、小学一年生の知識や文脈判断でも発見可能なコノテーションのはずである。

最後に、蟻のシークエンスに属する⑩について。原典の「ここそこそと、ちいさなあしおとがしました」が、教科書では「足もとで、こそこそと、小さなおとがしました」に改められている。新出漢字「足」の学習のためなら、原典の傍線部を「足おと」と表記しなおせば十分なはずである。『サラダでげんき』において、りっちゃんと動物たちの間には、つねに対等な対話が交わされており、そのことは、絵を含めた広義の本文にも明瞭に現れている。原典と教科書のいずれの絵においても（ともに画家は長新太）、りっちゃんと動物たちの顔は、つねにほぼ同じ高さの位置関係で対面するよう、描かれているのである。このシークエンスの蟻たちも、原典・教科書ともに、りっちゃんの顔の高さに近い窓枠や調理台の上を這う形で描かれている。「足もとで」の加筆は、物語を一貫するこの対等な関係性に反し（つまり挿絵とも齟齬し）、りっちゃんが「足もと」の蟻を見おろすという、優劣関係を強調した非対称な構図を産んでしまう。足下《あしもと》、見下《みおろ》す、の語は、ソッカ、ミクダスとも読めるように、上下・権力関係を内包した語であることに注意すべきである。

(二) 広義の本文レベルの異同

教科書の挿絵は、原典と同じ画家、長新太が新たに描き下ろしたもの。画風は保たれているが、絵と文の関係のあり方も含め、ここに絵本版とは異なる新たな教科書版本文（広義）が作り出されたと言ってよい。長新太を高く評価し、彼としばしばコンビを組んでいる作家、今江祥智は、[9] 絵本製作における作家と画家との関係を、「気を許せばこちら（作品）が負ける（中略）毎日の長さんとのそうした『勝負』」と譬えている。ここらにうかがえるとおり、創作絵本における絵と文とは、調和と衝突が相半ばする、強い緊張関係に置かれていることがわかる。原典の絵本『サラダでげんき』における絵もまた、文と相補的関係に立つのみならず、時に絵本全体の造形にまで及ぶかたちで雄弁に自己主張していることがうかがえる。

一例をあげよう。第一画面（P2〜3）には、困惑した表情で窓の中に座るりっちゃんが、物語終了後の裏扉（ノンブルなし）には、にこやかな表情で同じ窓の中に座る彼女が描かれている。二枚に共通する窓は、りっちゃんの家に二つある窓のうち、左側の窓である。[10] 右側の窓、すなわち台所の窓が第二画面（P3〜4）以降、サラダ作りの舞台として中心化されるのとは対照的に、この左側の窓は物語においてほとんど注目されることがない窓である。この窓を、物語開始時および終了以後に前景化することで、発端（おかあさんの病気―りっちゃんの思案）と結末（おかあさんの回復―りっちゃんの達成）の内容的コントラストが、りっちゃんの表情の差を通じていっそう鮮明にされる。それとともに、モノとしての絵本の造形に、首尾の照応という均整美がもたらされているのである。また、いま一つの例として、表紙絵を見てみよう。勝手口からゴミバケツを屋外に出そう（屋内に取り込もう？）とするりっちゃんが描かれている。ここでの彼女は無表情なため、病気の母親に代わって家事をしている（物語の発端）とも、サラダを作り終えた後始末（結末）とも、両様に理解可能であり、そこに、表紙が発端と結末を兼ねるという、造形上の円環構造が作り出されている。その意外性も、この絵本の大きな魅力となっている。

これらの例に明らかなとおり、絵とは、言語能力が未熟な年齢層むけの幼稚な媒体でも、まして文の補助物でもなく、文字と同等に〈読ま〉れうる存在である。文字記号以外のこうした視覚表象（モノとしての書物の造形も含めて）を〈読む〉ことも、広い意味でのリテラシーに数えられてよい。文学教材はそれそのものが芸術科に属する性質を持つとともに、美術など他の芸術ジャンルとの交錯という面でも、さまざまな教育上の可能性を持っている。この観点から見た時、原典絵本における表現―享受の領野の肥沃さに較べ、教科書版本文は、言語技術習得という狭義のリテラシーに自己限定しすぎているのではあるまいか。

四　むすびに

本稿では、教科書編集および国語教育の現場への想像力を稿者なりに維持しつつも、〈文学研究〉の立場からする思考をあえて率直に述べる方法を取った。門外漢の無知も含め、意見をそのように表明することが本企画の趣旨にかなうと判断したためである。

言葉や表現が〈外形〉で、思想や感情が〈内容〉であるという一般的図式を借りるなら、文学テクストにおいては、〈内容〉はつねに、そこに選択されてある〈外形〉によってのみ規定される。〈外形〉に先立って、あるいは〈外形〉から自立して〈内容〉があるのではない。文学テクストを教材として学ぶべき言語技術とは、たんに読み書き・話し聞く能力ではなく、そのような〈外形〉が構成されるシステムのことでもあろう。こうした種類の言語技術に無神経な教育、たとえば、言葉・表現に対する繊細かつ厳密な注視を抜きにして、思想や心情や価値観などの〈内容〉へと性急に飛躍しようとする行き方は、文学教育の存在基盤を自ら損なうものに他ならない。本稿はこうした立場から論じたつもりである。

【注】

(1) 東京書籍の平成十二年度版教師用指導書掲載の「作者のことば」による。

(2) ただし家庭内の料理。フレンチ等、家庭外の料理は一般に男性ジェンダー化されている。

(3) 本文の主な異同は次のとおり。(教)は平成十二年度版教科書、(原)は「こどものとも」三〇二号による。漢字・ひらがな・カタカナ間の表記変更のみ、句読点・カギカッコ・一字アキ・改行の有無のみの箇所は省略した。〜は中略を表す。(原)中の＊は次画面への移行(見開き二ページで一画面。次の見開き二ページに移ること)を表す。

①(教)いい　ことを（P4L3）　　(原)いいこと

②(教)かたを　たたいて　あげようかな。なぞなぞごっこを　して　あげようかな。くすぐって、わらわせて　あげようかな。でも、もっと　もっと　いい　ことは　ないかしら。(P4L5〜P5L2)

(原)かたを　たたいてあげようか。／なぞなぞごっこ　してあげようか。／くすぐって、わらわせちゃおうかな。／でも、もっと　もっと　いいことないかしら。

③(教)きゅうりを　トン　トン　トン、キャベツは　シャ　シャ　シャキ、トマトも　ストン　トン　トンと　きって、(P6L6〜8)

(原)きゅうりは　とん　とん　とん、／きゃべつは　しゃ　しゃ　しゃき、／とまとは　すとん　とん　とん、／と　きって、

④（教）木のぼりだって　じょうずに　なりますよ。（P7L3〜5）
（原）きのぼりだって／じょうずになれる。
⑤（教）そこへ、となりの　犬が（P8L1）　（原）すると、＊となりの　いぬが
⑥（教）なんと　いっても、ハムサラダが　いちばんさ。（P8L3〜4）
（原）ハムサラダが　なんたって　いちばんさ。
⑦（教）まどに　すずめが　とんで　きて（P9L2）
（原）すると、＊まどに　すずめが　とまって、
⑧（教）チュッ、チュッ。〜チュッ、チュッ。チュピ、チュピ、チュ。（P9L3〜5）
（原）ぴっぴっ、〜ぴっぴっ、み・そ・ら・し・ど
⑨（教）チュピ、チュピ、チュ。（P9L6〜7）　（原）ど・ど・し・ら・そ
⑩（教）足もとで、こそこそと、小さな　おとが　しました。（P10L1〜3）
（原）すると、＊こそこそと、ちいさな　あしおとがしました。
⑪（教）ぼくですよ。（P10L5）　（原）ぼくよ
⑫（教）こつ。（P10L9）　（原）こつさ。
⑬（教）はたらきものさ。（P10L10）　（原）はたらきもの
⑭（教）こんどは、（P11L3）　（原）すると、＊こんどは、
⑮（教）なんと　いっても、（P11L6）　（原）なんたって　かんたって、
⑯（教）一とうしょう。（P11L9）　（原）いっとうしょうさ
⑰（教）その　とき、／「でんぽうでえす。」／と、こえが　して、でんぽうが　とどきました。（P12L1〜4）
（原）すると、／「でんぽうでーす」
⑱（教）こんぶ（P12L5）　（原）コブ

⑲（教）こんぶを（P12L9）　（原）こぶを
⑳（教）いただきましょう。（P13L2）　（原）いただきましょ
㉑（教）とつぜん、キューン、ゴー　ゴー、キューと　いう　おとが　して、ひこうきが　とまると、（P13L5～9）
（原）そのとき、＊キューン／ゴー／ゴー　＊キュー　＊ひこうきが　とまって、
㉒（教）はなで　にぎって、力づよく　くりん　くりんと　まぜました。（P14L8～10）
（原）はなで　もって、くりん　くりんと　まぜました。
㉓（教）と、りっちゃんは（P15L4）　（原）りっちゃんは
㉔（教）おかあさんは、（P15L6～7）　（原）おかあさん

（4）『現代児童文学と国語教育―児童文学と国語教育の統合をめざして』（一九九六　高文堂出版）
（5）『文学教育の課題と創造』（一九八〇　教育出版）
（6）⑥⑮⑱⑲⑳㉓㉔も同様に説明できよう。だが、「入れなきゃ」（P9L3）「いただきましょ」（P15L3）などが原典のまま放置された例もあり、不審が残る。
（7）神宮輝夫『現代児童文学作家対談3』（一九八八　偕成社）。④にもリズム意識の現れを見てよかろう。
（8）⑰㉑も文脈上自明のことを加筆し、リズムの軽快さをも損なった例と言えよう。
（9）「からくりからくりからくり、ばったん…―長さんの絵の世界＝子どもの本から」（「月刊絵本」一九七三・九　盛光社）
（10）全十五画面のうち十一画面までが、りっちゃんの家の全景という一定の構図である。（窓の中のりっちゃんの様子や、屋外の訪問者など、細部のみが画面ごとに変化する。）家の壁面には二つの窓と勝手口のドアが描かれている。

「繰り返し」に着目し、楽しく予測しながら読む

岩永　正史

一　「読むという行為」をどうとらえるか

読みの授業が成立するためには、そこに学習者一人一人の「読むという行為」が成立していなければならない。このことは当たり前のことのようでいて、難しい問題だ。そもそも、読むという行為はどのように行われるのか。特に『サラダでげんき』を読む小学校低学年児童を想定した場合、彼らの読みの成立の過程で何がはたらいているのか。その「何」は、どのようにすれば育っていって、彼らをよりよい読み手にするのか。

こうした問題に対して、ここでは近年の認知心理学による文章理解研究をもとに考えていく。認知心理学

（広くは「認知科学」）は、人の知的な活動の解明をめざす学問である。以前の心理学（たとえば、行動主義心理学）が「人の頭の中で起こっていること」をブラックボックスの中に入れていたのに対し、認知心理学はブラックボックスの解明をめざす。つまり、人はどのような過程を経て知的な活動を行い、その成果を自身の内に貯え、それを次の活動に生かしていくのか、を解明しようとするわけである。ここで得られた研究成果は、教育の問題に対しても有効にはたらくはずだ。学習者の学ぶ過程、思考過程の実態に則した取り組みを可能にすることが期待できるからである。

認知心理学は、「読むという行為」を「構成過程——読み手が既有知識を使って、文章内容と相互交渉し、首尾一貫した解釈を構成する過程」(1)ととらえる。そして、この過程で重要なはたらきを演じる既有知識がスキーマ（schema）と呼ばれるものである。『サラダでげんき』のような物語の場合には、物語スキーマ（物語の展開構造に関するスキーマ）が重要になる。つまり、ことばを補って言いかえるならば、物語を読むという行為は、「読み手が自身の物語スキーマを使って、教材文のことばに触発されたり、逆に意味を与えたりしながら、自身に納得のいくひとまとまりの世界をつくりあげる過程」ということになる。こうした認知心理学の読みのとらえ方は、文学教育にも通じるところがあろう。「物語体テクストは、人物を中心とした事物・事象など、さまざまな部分形象（細部）相互の関係と、何らかの要因によるそれらの変容・変化を、基本的な柱として展開する」(2)といわれるが、物語スキーマは、読み手の内にあって、まさにこれらの「基本的な柱」を探し出し、紡ぎ合わせて、読み手の中に作品世界を構成する枠組みとなる。

二　小学生の物語スキーマの発達

小学生はどのような物語スキーマをもち、それを使ってどのように読んでいくのか。彼らの実態をみてい

こう。(3)

次の一節は『はまべのいす』(山下明生・作、昭和六一～平成三・光村3上)の冒頭部である。

だれがおいていったのか、すなはまに、いすがぽつんとありました。ところどころペンキのはげた、白いいすです。

いすは、だれかをまつように、ずっと海を見ています。病院のベッドの上で、ひろ君も、ずっといすを見ています。

この部分を読んだ後、「この後のところにはどんなことが書いてあるでしょう」と問いかけられたら、どのような「続き」を予測するだろうか。小学校二、四、六年生を対象に、『はまべのいす』を九つの部分に分け、このように、提示された部分を読んでは次を予測して書く、という形で調査を行った。すると、反応はおよそ四つのパターンになった。冒頭部に対する反応を例に示すと、次のようになる。ここには、「通読」して「初発の感想」を採ったときにはうかがうことのできない彼らの読みの姿が見えてくる。

① ひろ君は重い病気で歩くことができません。そしてひろ君のお母さんとお父さんはもう死んでしまっていません。ひろ君はなつかしそうにそのいすを見ていました。

② ある日、白いいすが海を見たときにきゅうに波が高くなって、いすをめがけてむかってきました。でもいすはいすです。動けるはずがありません。

③ ひろ君は、そのいすはだれをまっているのかしんぱいになりました。ひろ君はそのいすのそばにいきたくてたまらなくなってきました。それでもいけないのです。

④ ある日、おじいさんが来ていすをもって帰りました。いすはおじいさんをまっていたのでした。

①は、物語の「設定」を付け加えようとした反応である。この例は、登場する人物がどのような境遇に置

かれているのかを述べている。他に、「設定」には「とき」や「ところ」について述べたものもある。読み手が、この後物語が展開していく舞台づくりをしようとしていることがうかがえる。

②は、新たな「事件」を起こした反応である。この例は二年生のもので、やや奇想天外な「事件」になってはいるが、読み手が、提示された冒頭部を「設定」と見たうえで、そこで起こる「事件」の展開として物語をとらえていることがうかがえる。

③は、登場人物の内面に起こる「目標」を述べた反応である。「目標」の反応の中には、それを達成しようとする試みまで含むものや、「事件」が起こって、それをきっかけにして登場人物が「目標」をもつという形のものもある。「事件」と同様、物語を展開していく原動力になりそうな反応である。

④は、前の場面に描かれたできごとや状態の「結果」を述べた反応である。こうすることで、読み手が物語に一つの区切りをつけようとしていることがうかがえる。

このように読み手の反応が分かれるのは、人が物語を読む際に、物語スキーマと呼ばれる、物語の展開構造に関する知識を枠組みにして、書かれていることがらを整理し、理解しようとしているからに他ならない。「設定」「事件」「目標」「結果」などは、その物語スキーマを構成する要素である。つまり、人は、物語を、ある設定のもとに何かが起こり、それが結末へと展開していくひと続きの話として理解するのである。

このように述べると、昔話が物語スキーマにぴったりあてはまることに気づくと思うが、物語スキーマによって理解されるのは昔話だけではない。物語スキーマの構成要素の一部が欠けていたり、明確でなかったりする物語があっても、人はその部分を自身の物語スキーマによって推論し、補充して、一貫した解釈を構成するのである。

昔話のように、物語スキーマにぴったりあてはまる作品は、容易に理解される。反対に、物語スキーマにどのようにあてはまるのかわかりにくいような装いをもった作品、たとえば宮沢賢治の『やまなし』のようなものは理解されにくい。しかし、低学年から高学年までの教材を思い浮かべてみればわかるように、物語の展開構造は、単純なものから次第に複雑なものへと変化している。そして、学習者もそれに合わせるように、次第に複雑な展開構造の物語を理解するようになっていく。ここには、学習者の内にある物語スキーマが発達していくことがうかがえるだろう。

『はまべのいす』による調査に戻って、小学生の物語スキーマの発達差を見ておこう。「提示された部分を読んでは次を予測して書く」という作業を繰り返していくと、まず、「設定」の反応は、物語の冒頭部以外では出ないことがわかる。小学生が、共通して「物語の冒頭部で何らかの舞台づくりがなされる」ととらえていることが明らかになる。

次いで、作業を繰り返して行くにつれて、学年による発達差が現れてくる。二年生には「結果」の反応が多く、彼らが物語を「できごとの連鎖」ととらえていることが明らかになる。同時にこれは、二年生の物語スキーマができごと間の因果関係を十分とらえきれないことも表している。四年生には他学年と比較すると「目標」の反応が多く、登場人物が明確な意志をもって行動していくものとして物語をとらえていることが明らかになる。四年生は、典型的な物語スキーマをもつ学年といってよいだろう。六年生には「事件」と「結果」の反応が多い。こうなるのは、六年生が、調査が進むにつれて、浜辺の情景が淡々と描かれるだけで、人物が明確な「目標」をもって行動していくことのないこの物語の展開（この意味では、『はまべのいす』は「物語スキーマにどのようにあてはまるのかわかりにくいような装いをもった作品」といえる。）に気づき、それに合わせて「続き」を考えるようになるからである。六年生は、典型的な物語スキーマに合わないような物語にも柔軟に対応できるスキーマをもっていることが明らかになる。

この調査では、物語の最後の部分にきたところで、「この次のところで物語は終わります」と告げて、小学生が物語の終末部をどのように書き納めるかも見ている。次にあげた五つのなかに「本物」が含まれているのだが、どれが「本物」かわかるだろうか。

⑤ 「いすさん、おやすみなさい。」

ひろ君はそういうと、すぐにねむってしまいました。

⑥ 「まってろよ、白いいす。あしたはきっと元気になって、ぼくがあそびに行くからね。」

⑦ 「ぼくの足がよくなるまで、ずうっとそこにいてね。」

ひろ君は、そうつぶやきながらねてしまいました。

⑧ 「おやすみ、いす君。ゆめの中でまた会おうね。」

いつでも会えるようだけど、なんだかさびしいので、ゆめの中でも会いたいみたい。

朝、ひろ君は退院できるそうです。ひろ君にとってはうれしいようであり、かなしいことでもあるのです。

⑨ 「おやすみ、いす君。」

いすは、それには答えずに、もうねむりはじめました。あとは、波の音だけが聞こえてきました。ひろ君は、ゆめを見ています。いすもゆめをみています。

ある日の、小さなできごとです。

⑤が二年生、⑦が四年生、⑧⑨が六年生の反応例で、「本物」は⑥である。⑦⑧⑨が物語全体の経緯をふまえた記述になっているのに対して、⑤が直前の場面にのみ反応している嫌いはあるが、いずれからも、彼らのスキーマには物語の書き納めに関することがらも含まれていることがわかる。とくに、⑨は、「本物」

だといわれても疑わないできばえになっていよう。浜辺の情景が淡々と描かれるだけで、特に「ひろ君」の心情が描かれることのないこの教材の特徴をみごとに生かし、そのうえで、描かれた浜辺の一日の情景をきちんと意味づけしている。六年生の物語スキーマの柔軟性を示す例である。

小学生の物語スキーマのはたらき、発達についてみてきた。ここでは、物語を読み進む過程で生じる予測に着目してきたが、このような予測は「通読」をさせた際にも行われていないわけではない。ただ、急いで読み進めようとするために、現れては消えてしまう予測が意識にのぼることが少ないのだ。また、物語スキーマは、予測の際にはたらくだけではない。読み終えた物語を記憶したり、記憶した物語を再生したりする際にも、その枠組みとしてはたらく。

三　物語スキーマにはたらきかける教材のことば

物語を読むことを、「読み手が自身の物語スキーマを使って、教材文のことばに触発されたり、逆に意味を与えたりしながら、自身に納得のいくひとまとまりの世界をつくりあげる過程」ととらえると、「どのような内容や表現が読み手の物語スキーマにはたらきかけてくるのか」が教材分析の重要な観点として加わってこよう。以下、教科書のページ構成に従って、『サラダでげんき』を読み進めてみよう。

(一)　エピソードに対応したページの構成

本文は六つの見開きページで構成されている。一つ一つの見開きは、エピソードの区切りにほぼ対応しており、それぞれのエピソードには挿絵もある。絵本の性格を色濃く残したページ構成といえよう。したがって、教材分析の際には、この見開きに従って読み手の反応を予想していくことが重要になる。

(二) 暗い書き出しの中に

一番目の見開きは、物語の設定部にあたる。『サラダでげんき』と明るい、さわやかなことばが並んだ題名の割には、「りっちゃんは、おかあさんがびょうき」で暗い書き出しである。だが、これはそれほど暗い話ではなさそうだ。一見、深刻な状況を描いているような「設定」の中に、この後の愉快な展開をにおわせるものがある。病気のお母さんに、「なにかいいことをしてあげたい」りっちゃんは、考え始める。

「かたをたたいてあげようかな。」

――うん、子どもが病気のお母さんにしてあげそうなことだ。

「なぞなぞごっこをしてあげようかな。」

――子どもが考えそうなことではあるけれど、病気の大人は願い下げだな。

「くすぐって、わらわせてあげようかな。」

――おい、おい、笑ったからって楽しくなるわけじゃないんだよ。

りっちゃんの考える「いいこと」は、だんだん現実からはずれていく。そして、りっちゃんが考え出した「もっともっといいこと」「おかあさんが、たちまちげんきになってしまうようなこと」が「サラダをつくる」ことだった。

――なんでサラダなんだ?

りっちゃんが考え出す「いいこと」に少しとまどいながらも、読み手は挿絵によって、現実的な思考に引き戻される。目を閉じたまま眠っているお母さんはいかにも具合が悪そう。そしてりっちゃんは、頭に手をやり、どうしたものか困っている表情だ。読み手は、りっちゃんのお母さんは病気なのだから、りっちゃんは、お母さんの病気を治すという「目標」達成のための「試み」をしていくのだろう、と先の展開を予測して、この見開きページの読みを終える。

(三) はじめは身近な動物から

二番目の見開きにはいると、りっちゃんの「目標」達成の「試み」、サラダ作りが始まる。「きゅうりをトントントン、キャベツはシャシャシャキ、トマトもストントントン」と切って、サラダ作りも物語も擬声語のつくり出すリズムに乗って快調に進む。

ところが、そこへ現れる野良猫は、擬声語の快調なリズムに「待った」をかけるように「のっそり」入って来る。そして、二本足を交差させて立ち、指示するように右手で指差しして、りっちゃんにこう言うのだ。

「サラダにかつおぶしを入れるといいですよ。すぐにげんきになりますよ。」

――猫が話すのは、子どもにとって物語の世界では普通のことだ。サラダに鰹節? まあ、入れないことはない。

ところが野良猫の言うことは、物語の世界にしても、現実からはずれていく。

「木のぼりだってじょうずになりますよ。ねこみたいにね。」

――お母さんが元気になるのはありがたいが、木登りまでできるようにならなくてもいいのだけれど……。

それでも、りっちゃんは「おしえてくれてありがとう」と「さっそく」鰹節をサラダにかけてしまうのだ。一番目の見開きで読み手が感じたとまどい、「どこか現実からはずれた感じ」は、ここまで読むとかなりはっきりした「予感」になってくる。読み手は、物語が現実世界を「滑走」し、今、「離陸」しようとしているのではないか、と感じながら、りっちゃんの最初の「試み」を読み終える。

すると「そこへ、となりの犬がとびこんで」くる。

——猫の次は犬か。今度は何が起こるんだ？

㈣　りっちゃんも現実から「離陸」

猫の次に現れるのが犬。子どもにとって別段珍しくない動物が続くのだが、ページをめくったとたん、ちょっと驚かされる。

——緑色の犬！　そんな犬がいるか？　何だ、この犬は？

それでも、りっちゃんは、犬の言うことを聞いて「大いそぎでサラダにハムを」入れる。

ここまで読み進むと、読み手は、この物語の繰り返し構造に気づいてくるだろう。『おおきなかぶ』をみてもわかるように、幼児から小学校低学年向けの物語には、繰り返し構造をもつものが多い。この繰り返し構造は、子どもの物語スキーマの形成に重要なはたらきをする。(4) 物語の繰り返し構造が、子どもが読み進む過程で先の展開を予測することを容易にし、予測—修正を何度も行う経験によって物語スキーマが形成されていくと考えられるからである。その点で、この教科書のページ構成は重要だ。見開きページがエピソードの区切りに対応していることは先に指摘したが、細かい部分でも読み手に予測を促しているからだ。三、四番目の見開きの最初を並べてみると、次のようになっている。

「そこへ、となりの犬がとびこんできました。」

「足もとで、こそこそと、小さなおとがしました。」

「そのとき、『でんぽうでぇす。』と、こえがして、でんぽうがとどきました。」

いずれも、次に起こる出来事を暗示している。しかし、三つを比べてみると、読み進むに従って、読み手が、次の繰り返し（つまり、りっちゃんの「試み」）を予測する自由度が大きくなっているのだ。

本文に目を戻そう。右ページの大きな犬の挿絵と対照的に左ページには小さな挿絵。

——今度は何がやって来たのだろう？

右から左へと目を移した読み手は、絵を見ただけでは何が来たのかわからない。文章をたどる。このように「？」と思い、文章を読まずにいられなくなることで、読み手は次第に物語の世界に引き込まれていく。やって来たのはすずめだ。物語はもう完全に現実世界から「離陸」している。その証拠に、りっちゃんだってすずめ語で返事しているではないか。

「まあ、ありがとう。チュピ、チュピ、チュ。」

㈤ **いったん「離陸」してしまえば、自由自在**

四番目の来訪者は蟻。

「サラダにはおさとうをちょっぴり。これがこつ。」

（砂糖なんか入れて、どんなサラダができるんだ？）なんてことは、読み手にとって、もうどうでもよくなっている。チョコレートだって、あめ玉だって、驚きはしない。りっちゃんがサラダに「ちょっとだけ」砂糖を入れるのが、現実から「離陸」した読み手には、逆におかしいくらいだ。

五番目の来訪者は、お巡りさんを乗せた馬。りっちゃんにアドバイスするのは、もちろん、お巡りさんの方ではなくて、馬である。

そして、りっちゃんがサラダにニンジンを入れたとき、今度は電報が届く。

——電報を打つのだから、実際にりっちゃんの家までやって来られない動物、今度は何だ？

㈥ **もっとすごい来訪者**

電報の主は北極海の白熊。

――さすがに白熊は、りっちゃんの家にはやって来られないな。だから電報なんだ。なんて思ってはいけない。これは、次のもっとすごい来訪者との対比なのだ。りっちゃんがサラダを食べようとすると、「キューン、ゴーゴー、キューというおとがして、ひこうきがとまる」。

――飛行機が着陸するなんて、いったいどんなところに家があるんだ？

しかも、降りてくるのはアフリカ象だ。

(七) そして、大団円

アフリカ象の作るドレッシングをかけてサラダは完成。「おかあさんは、サラダをたべて、たちまちげんきになりました」。冒頭の「設定」から「目標」、七回の「試み」を経て、ようやく「結果」へと至る。この七回という数字と「結果」の間に特に因果関係はない。物語を「できごとの連鎖」ととらえるこの期の読み手にふさわしい展開といえるだろう。みんなで力こぶをつくって大団円の「書き納め」である。

四 「繰り返し」に着目し、楽しく予測しながら読む授業

読み手の思考過程、それにはたらきかける教材の特質、という二点から指導の方針を考えていこう。

文学教材の読みの指導というと、「登場人物の心情を想像する。」「場面の様子を想像する。」「主題をとらえる。」といった指導目標がたてられることが多い。しかし、これまで述べてきた立場からすれば、まず、学習者に物語を読みとる認知的基礎を育てることが必要だということになる。もう少し具体的に言えば、彼らの内にある物語スキーマを引き出し、はたらかせ、そのことによって発達を促していこうということである。このような指導の方向は、低学年児童の指導を考える場合により重要だ。高学年児童の場合には、教師がどのようなはたらきかけをしても、すでに身につけた自身の思考方略で何とかしてしまうことも期待でき

る（もちろん、そういう授業が望ましいと言っているわけではない）が、低学年児童の場合にはそうはいかない。

それでは、授業の中で、具体的にどんな学習活動を計画すればよいだろうか。先にも述べたように、物語スキーマは、読み進める過程で先の展開を予測する、読み終えた物語を記憶する、記憶した物語を再生する、などの場面ではたらく。読むという行為の成立を重視するなら、「読み進める過程で先の展開を予測すること」が重要になろう。他の二つは、読み終えた後のことである。

教材の特質からは、どんなことが言えるだろうか。この教材は、繰り返しを経るうちに次第に現実から「離陸」していく物語であった。このことは、この時期の子どもの遊びとも共通するところがある。子どもは遊びに夢中になる中で、いつのまにか勢いがつき、現実から「離陸」してファンタジーの世界に入っていくことがある。この教材には、それと同じ楽しさがあると考えられるのだ。

だから、『サラダでげんき』は、通読して「学習課題」をたてて読むのにはなじまない。現実世界から徐々に「離陸」するときの不思議な感覚、そして、「空中散歩」の楽しさなどを味わう教材だ。それが一年生にとっての文学を体験することになる。通読して結末が見えてしまっては、登場する動物の意外さやそれぞれの動物の会話のユーモアが話し合われることがあっても、それは、授業におつきあいするためにやっている、どこか嘘っぽいものになってしまう。

以上のことをふまえると、この教材は、一読総合法によって指導するのが適切である。教科書の見開きページを一つの「立ち止まり」にして、次の展開を予測することを中心に読み進めていく。繰り返しのリズムを重視したいなら、児童の黙読ではなく、教師の読み聞かせで授業を進めてもよい。読み手が繰り返し構造に完全に気づいた段階では、時間を十分にとって、どんな動物が登場して、サラダに何を入れるようアドバイスするか考え合う。きっといろいろなサラダができあがるだろう。もちろん、こうした活動は、教材のことばをとらえて行うことが肝心である。指導者が留意すべき点を、次に整理しておく。

・りっちゃんのサラダ作りには、お母さんを元気にするという「目標」があったこと。
・動物が現れては、いかにもその動物らしいサラダ作りのアドバイスをすることが繰り返され、それがりっちゃんの「試み」を支えていること。
・それぞれの見開きの最後の部分に、次の繰り返しを予測する手がかりがあること。
・登場する動物が、身近なものから、次第に奇想天外なものへと変化していくこと。

終わりまで読み進んだら、教室のみんなで最後の挿絵のポーズをやってみよう。誰が一番挿絵に似てるかな。ワハハと笑って、楽しく授業を終えよう。

五　教材と二度目の「出会い」も

さて、この稿を閉じるにあたって、最後に、高学年になった段階で『サラダでげんき』と二度目の出会いをさせようと提案しておく。

一年生に授業を行う際には、彼らの読みの思考過程を重視すべきことを述べたが、学年が進んだ段階では、その思考過程自体に対する「気づき（メタ認知）」をさせることもよりよい読み手を育てるために必要なことである。「自分はどのように文学を楽しんできたのか」、以前読んだ教材のことばと自分の心の動きとを振り返ってみる。たとえば、一年生に『サラダでげんき』の読書案内を書くといった学習活動が考えられるだろう。ところが、「学年相応の」作品を教材にしているだけでは、なかなかこういうことはできにくい。「学年不相応の」「易しすぎる」作品にも、こんな指導の目標をもてば、十分に教材価値があると考えるのだが、どうだろうか。

文学の世界にひたって楽しむだけでなく、このようにして「文学を読むことに対する認識」を育てていくこと。文学にとどまらず、さまざまな分野で「人の言語行動に対する認識」を育てていくこと。こういうことも、ことばの学習では重要なことだ。

【注】

＊本稿は、平成十二年度版小学校用教科書『新訂　あたらしいこくご　1下』（東京書籍）掲載の『サラダでげんき』（角野栄子・文、長新太・絵）をもとに執筆した。

（1）久原恵子「文章理解を深める試み」（『国立音楽大学紀要　18』一九八三）P87〜94。なお、認知心理学の文章理解研究については、川崎恵理子「長期記憶II知識の構造」（『認知心理学2』一九九五　東京大学出版会）P117〜143、内田伸子「談話過程」（『認知心理学3』一九九五　東京大学出版会）P177〜191、小嶋恵子「テキストからの学習」（『認知心理学5』一九九五　東京大学出版会）P181〜202、などを参照願いたい。

（2）田近洵一『創造の〈読み〉―読書行為をひらく文学の授業―』（一九九六　東洋館出版社）

（3）岩永正史「『はまべのいす』における予測の実態―児童の物語スキーマ特性を探る―」（『読書科学31-2』一九八七）P51〜60。なお、この調査は『はまべのいす』が教科書に掲載される以前に行ったものである。

（4）たとえば、高木和子「物語シェマの形成における幼児むけ物語のもつくり返し構造の役割」（『山形大学紀要　7』一九七八）P83〜106を参照。

所感交感

大学生の文学教育のためにも

大塚　美保

岩永正史氏とわたくしと、両者の論の内容が、偶然にもこのようにうまい組み合わせになった。岩永氏は、「物語スキーマ」を鍵概念として、物語が時間軸に沿って展開してゆく過程に着目され、いわば時間的にこの教材を捉えられた。一方、拙論のうち、サラダの「げんき」の由来を論じた部分では、物語を通読した後に全体を見渡して得られる情報を利用しており、この教材をいわば空間的に捉えている。物語は、音楽と同じく、時間の流れに沿って享受される時間芸術であるし、さらに、物語の内部にもその世界固有の時間が流れている。その意味で、時間的な側面への注視は欠かすことができない。一方、文字化された物語を、わたしたちは、くりかえし読み直したり、前のページに遡って情報を確かめながら読んだり、つまり全体を鳥瞰的に見渡しながら把握することもできる（いわゆる「解釈」は一般にこのようにして形作られる）ので、空間的な側面への注視も欠かせない。この両面を相補的に論じることができたという意味で、良いコンビが組めたのではないかと思う。

ところで、わたくしは小・中学校の国語教育に直接携わった経験はなく、あるのは、もっぱら大学の授業なのだが、文学テクストを教材として使用するという共通点を考える時、岩永氏の論文を通じて、考えさせられることが幾つもあった。

その一つが、『はまべのいす』をめぐる授業実践を通して、低学年から高学年にかけ、「物語スキーマ」がどのように発達して行くかを論じておられる部分である。小学二年生段階では、物語を「できごとの連鎖」と捉える傾向があり、「できごと間の因果関係」を十分捉えるまでには至らないという。わたくしはここで、E・M・フォースターによる有名な「ストーリー」と「プロット」の区別を思い出した（フォースター『小説とは何か』米田一彦訳　一九六九　ダヴィッド社）。物語を「ストーリー」として、つまり「それからどうした？　それからどうした？」と、次々に起こる出来事の連鎖への興味に引かれて読む読み方がある。昔話や幼年向けの童話は、もっぱらそうした興味を満たすように語られているが、しかし、大多数の文学テクストは、このような「ストーリー」だけを目的にしているのではない。出来事の間の因果関係、つまり、「なぜ？」という興味を喚起し、それに答える「プロット」を備えているのである。とくに近代小説はこの観点ぬきには語れない。だが、小学二年生のみならず、大人の中にも、文学テクストに接する際に（映画、テレビドラマ、劇画等についても同様だが）「ストーリー」的興味しか持たない人間がたくさんいることを、大学生や社会人を対象とした授業経験は教えてくれる。「プロット」への関心のない目には、テクストにちりばめられたあらゆる情報は、川面に浮かぶ塵あくたのように漫然と流れ去るばかりである。だが、読書の楽しみの中でも最もスリリングな部分とは、「プロット」を意識することで浮上する幾つもの「なぜ？」と、その答えを探して行く一種の「謎とき」の過程のことではないだろうか。大学での文学教育に関して言えば、こうした「プロット」に対する意識こそが、「読み」や「研究」と呼ばれるものへの入り口となるのだと思われる。

さらに、岩永論文の中の「物語スキーマ」という概念に触発され、こんなことも考えた。「物語スキーマ」

が、児童たちの物語享受経験の中で形成されるもの、つまり学習の産物であるように、わたくしたち文学の専門家(?)が自明の前提としている、文学テクストに対するある種の姿勢や枠組みも、一般の学生たちにとっては、学習なしには獲得できないものなのではないか、と。こんな例が実際にあった。芥川龍之介の『藪の中』に、死者の霊が巫女の口を借りて語る部分がある。この部分を、社会学を専攻するある大学三年生が、レポートの中で「非科学的である」の一言で切って捨ててしまった。この時、わたくしは、彼のような認識を持つ人が一般社会には決して少なくないであろうこと、彼らを納得させる(説得する?)のは並大抵ではないことに気づかされた。この小説の舞台である平安時代には、人々が「物の怪」を実際に存在するものと捉えていたように、何が「現実」であるかは時代時代の価値観によって変わること。人間にとって、「現実」とは、科学的・客観的な現実ばかりであるとは限らず、夢・幻覚・想像といった心的・主観的な「現実」もありうること。文学の場合、後者の「現実」が前者と同様、もしくは前者以上のウエイトをもって取り扱われること、等々……。なるほど、文学は「現実」から自在に「離陸」することができる。(岩永氏の言葉を拝借した。)このことは、文学に親しむ度の深い者にとっては言うまでもない「常識」であるし、また、教科書で『サラダでげんき』を読む小学一年生は、動物が人間の言葉をしゃべったり、象が飛行機を操縦することも、まだまだ違和感なく受け入れてくれることだろう。しかし、その後の文学経験のいずれかの時点で、「現実からの離陸」について、なんらかの形で学習することなしには、文学に対するこの基本姿勢は得られないのであろう。こうした学習は、個人の読書体験等の中で、無意識的に自然に行われるものであり、これまでの文学や文学教育は、その自然発生的な感性に頼って来たと言えよう。だが、文学が社会に対して持つ影響力・発信力の衰えを考えると、これからは、自然発生的なものに期待するばかりではなく、教育の場でも、そうした学習の機会を意識的に提供して行くことが必要なのではないだろうか。そうした試みは、文学の領域にとどまらない、広く人文学への扉となるように思われる。

所感交感

文章理解研究と日本文学・日本語学の交流から子どもの文学教育へ

岩永　正史

大塚氏は「言葉・表現に対する繊細かつ厳密な注視を抜きにして、思想や心情や価値観などの〈内容〉へと性急に飛躍しようとする行き方は、文学教育の存在基盤を自ら損なうものに他ならない」と述べる。この言葉に賛意を表しつつ、以下、三点にわたって所感を述べたい。

本書の企画の意味を私なりにとらえると……

『サラダでげんき』について述べる際に、私には、排除しておきたいタイプの授業が二つあった。一つは「主題読み」あるいは「徳目読み」と呼ばれるタイプの授業だ。「動物たちの助言を素直に受け入れるりっちゃんの人物像を読みとる」といった目標が立てられ、『サラダでげんき』は、けなげな娘の看病物語になる。これでは教材のもっている「元気」は、すっかり萎えてしまう。もう一つは、読みを実体験の中に解消してしまうタイプの授業だ。「りっちゃんと一緒にサラダを作ってみましょう」と呼びかけられ、読みの授業がサラダ作りに置き換えられてしまう（総合学習？）。

こうした二つのタイプの授業は根っこのところでつながっているように思われる。それは、言葉をどう読んだらよいのか（あるいは、読めるのか）、とりわけ、子どもはどう読むのかといったことに対する思いが足りないところだ。だから、言葉ではなく描かれたできごとの方に目が向いてしまう。できごとをたどりなおしたり、意味づけし、徳目を引き出したりすることになる。

そこで、『サラダでげんき』の教材論を書くにあたって私が試みたことは、人の（とりわけ子どもの）文章理解研究を手がかりに、子どもが『サラダでげんき』をどのように読み進めていくかをたどってみること、そこから授業のあり方を考えてみることだった。だが、ここで手がかりにした認知心理学の文章理解研究は、一九七〇年代後半から八〇年代にかけて、物語スキーマ理論を軸に飛躍的な進展を見せたものの、その後は動きが鈍ったように見える。「人は文章を読むときに既有のスキーマを使っている」というのは、文章理解研究の、いわば「筋書き」の部分なのだが、それ以後、筋書きを肉付けしていく部分が進んでいない。無理もない。人は一つ一つの言葉をどう読み、それがスキーマのはたらきとどう関わっていくのか、授業では他者の読みとの相互交渉の中で個人の読みがどのように成立するのか、といったことを明らかにする膨大な作業が残っているからだ。ここに日本語学や文学の研究と文章理解研究との相互交渉も必要になる。そのひとつとして、大塚氏の論考は、言葉をどう読んだらよいのかを文学研究の立場から示した。

ジェンダー観、子ども観――徳目読みの背景　読んで、まず感じたことは、通常の教材分析にジェンダー観、子ども観が欠けているのではないかということだ。かつて『どろんこ祭り』（今江祥智作、光村六年）が「男らしさ、女らしさを過度に強調している」と批判されて教科書から消えたときにも、そこには女性団体や日弁連などの教育の外からの力がはたらいていた。どうも子どもや家庭など、子どもの日常生活に身近な舞台が描かれると、私たちは「理解に障害がない」として、すんなり受け入れてしまうようなのだ。ところが、大塚氏はりっちゃんのサラダ作りと登場する動物との関係をとりあげて、次のように指摘する。

・料理は女性に〝適した〟、女性がなすべき営為である、というメッセージを構成する可能性がある。
・『サラダでげんき』は、女性の被抑圧的立場を表象するテクストとして読まれる可能性を内蔵している。

・「いまだ無力・無能であり、それゆえ素直に学ぶべき立場にある子供」という〝教育的な〟子供観がかいま見える。

こうしてみると、「素直なりっちゃんの人物像を読みとる」という目標が生まれるわけが理解できよう。もちろん、私は、りっちゃんと動物たちの「対等かつ親和的な関係」を認めるからこそ先のような教材論を書いた。徳目読みに対しても、「子どもはそんな楽しみ方はしない」と考えた。だが、そう考えながらも、自分が排除したものの背景に意識が及ばないでいることに気づくのだ。

そもそも「言語の教育」とは　教材論を書くにあたって、私は教師用指導書を見ていない。出典となった絵本はおろか、教科書の採択史すら調べていない（大学の国語科教育の授業では「原作にあたれ、採択史を調べろ」と言っているのに）。「子どもの読みをたどること」を試みたからなのだが、もう一つ、教科書のままでもこの教材は十分面白いと感じたからでもある。だが、大塚氏の本文批評を読むと、私のやった作業が「教科書を読む」子どもの読みをたどることだったことに改めて気づくとともに、よくいわれる「国語教育は言語の教育」という言葉の意味を考えざるを得なくなる。

絵本と教科書というメディアの差異は、現在の教科書制度から仕方がないとしても、文字情報の改変（くだけた話し言葉を避け、文法的な正確さと共通語の使用。漢字表記など）は「言語の教育」の意味を考える際に重要だ。なぜならそれらは、日本語のリズム、話し手の人物像や状況と会話のあり方、漢字・ひらがな・カタカナなどの文字がもつイメージなど、日本語のさまざまな特性と密接に結びついているからだ。そして、そうだからこそ作品の中に選び採られた表現であるからだ。そう考えれば、国語科教育における文学教育は「言語技術（もちろん、この言葉をどの程度の広さでとらえるかが問題なのだが）習得という狭義のリテラシーに自己限定」してはならない。むしろ、「日本語における文学言語」の教育という意味で「言語の教育」でなければならないはずだ。

HISTORY & DATA ●サラダでげんき

作品DATA

［出典］角野栄子さく　長　新太え『サラダでげんき』〈こどものとも　302号〉（八一　福音館書店）

［初出］［出典］に同じ。

［教科書への掲載］東京書籍＝昭和61→平成12

作家DATA

［作者］角野栄子（一九三五―　）東京生まれ。早稲田大学卒業後、出版社に勤め、のちブラジルへ渡って二年間滞在。帰国後に創作を始める。ブラジルの少年を主人公にした『ルイジンニョ少年』（七〇　ポプラ社）で注目され、以来、幼年童話・ファンタジーなど、ユーモアに富む多彩な作品を発表。『大どろぼうブラブラ氏』（八一　講談社）でサンケイ児童出版文化大賞を、『ズボン船長さんの話』（八一　福音館書店）で旺文社児童文学賞を受賞。八四年には、山本有三記念路傍の石文学賞を受賞。また、『魔女の宅急便』（八五　福音館書店）で、野間児童文芸賞および小学館文学賞を受賞。この作品は、アニメーション化され、広く知られた。そのほか、「小さなおばけシリーズ」全二十巻（七九―八七　ポプラ社）、『ネッシーのおむこさん』（七九　金の星社）、『わたしのママはしずかさん』（八〇　偕成社）、『シップ船長はいやとはいいません』（八五　同）、『アイとサムの街』（八九　ポプラ社）などの作品があり、空想豊かで明るいユーモアのある作風で多くの読者に迎えられている。

参考

※サンケイ児童出版文化賞――主催、サンケイ新聞社。一九五四年、次の世代をになう子どもたちにすぐれた本をあたえようという趣旨で創設。一年間に初版発行された児童図書が対象。大賞・金賞・美術費・推薦図書などを選定する。

※山本有三記念路傍の石文学賞――主催、石川文化事業団。山本有三の功績をたたえて、一九七八年創設。青少年の読書に適し、大人の鑑賞にもたえる作品を発表した作家に贈られる。第九回から、幼少年文学賞も設けられた。

※野間児童文芸賞――主催、野間奉公会。野間文芸賞の児童文学部門を独立させて、一九六三年制定。一年間に発表された児童向け、童話・戯曲・ノンフィクション・詩・童謡などが対象。

交差する地点から

ボクはむかしタヌキだった

須貝　千里

幼稚園の時、ボクはタヌキだったことがある。学芸会のお芝居で、ボクはタヌキのぬいぐるみを着せられていた。そして「ウントコショ、ドッコイショ。」と言いながら、布製の大きなダイコンを引っ張っていた。のちにそれは『おおきなかぶ』というお芝居であると知ったが、そこには「狸」は登場しない。ボクは「犬」だったのかもしれない。

いつ知ったのかは忘れてしまったが、ボクがそのお芝居に出たのは、どうも母親と担任の嘉納先生との策略だったらしい。その頃、幼稚園に行っている間に家がなくなってしまう、家族がいなくなってしまうという妄想にとりつかれ、ボクは母親にいつもまつわりついていた。「総領の甚六」というやつだ。二年保育の一年目には教室にはいつも眉間に縦じわを寄せたボクがいて、その横に母親がいた。といっても、この大人の願いに後押しされた出来事をきっかけにしてボクの眉間の縦じわが消えたわけではない。その後も、寝ている間に家がなくなってしまうのではないかという不安感にさいなまれ、布団の横の母親に繰り返し火の始末や鍵の締め忘れがないように頼み、それでも不安で布団の中で神様に寝ている間の無事を祈り、そして眠りにつくというような生活は、長く続いていった。

しかし、舞台の上で感じた、あの快感は何だったのか。

それはよく言われるような、団結とか協力を学んだなどと言うようなものではない。中村三春さんと汐見稔幸さんの論考を読みながら、あれは一体何だったのか、そのことに思いは巡るのだ。中村さんは、『おおきなかぶ』は「両義的なアレゴリーの触媒となりうるテクスト」と言い、そこに「どこか汲み尽くしがたい」魅力があり、「小学校一年生の児童がこのテクストに触れること、それは、人が言葉のゆたかさを知る端緒として、比類のない体験となることだろう。」と提起する。そういうことだったのか。汐見さんは、貧しい「人々の素朴な願い、喜び、苦労などを、言葉遊びの形で、わかりやすく伝えようとした物語だと考えてみたい。」と言い、教材としての価値を「この作品が元来歌のようなものであった」というところに絞り込み、「現代の小学生のことを考えると、この作品は、みんなで唱和したり動作化したりして、声や身体運動が共鳴する体験をすることが大事だ」と提起する。そういうことだったのか。

こうしたお考えに触れ、あの快感は何だったのか、ボクは反芻し続ける。そして、中村さんには「アレゴリー」が「両義的」であるということは「解釈の多様性」(汐見「所感交感」)と同義なのか、また汐見さんには「声や身体運動」が形式的な学習活動の活性化にすり替えられてしまわないためにはどうしたらいいのか、こんなことをさらにお聞きしたく思う。「声や身体運動」は「両義的なアレゴリー」に翻弄され、〈作品の意志〉に向かっていくのではないか。そこに「文学の力」と「教材の力」との交差する地点があるのではないか。〈作品〉は了解不能の《他者》である。それは〈作品の意志〉に向かっていこうとする〈読み〉の動的過程とともにあり、それはまた〈メタプロット〉(=プロットを支える内的必然性)の発見の過程とともにある。そうだとしたら、これは汐見さんが「所感交感」で問題にされている「読みのアナーキズム」をどう超えていけるのか、という問題に繋がっていくのだが、どうか。

残された紙面で『お手がみ』について触れておきたい。跡上史郎さんの〈読み〉は、表題の「『ない』ことにまつわる『ふしあわせ』と『しあわせ』」に端的に示されている。氏の〈読み〉は、足立悦男さんが「気持ち発問」を支えるワンパターンの〈読み〉をプロットの丹念な〈読み〉によって超えていこうとすることをめざしているのに対して、〈メタプロット〉を探究していこうとする。（跡上さんは〈メタプロット〉という用語を使用してはいないが。）

しかし、跡上さんに疑義がないわけではない。それは、「所感交感」で足立さんも疑義を差し挟んでいることだが、「お手がみ」はその内容のゆえに価値があるのではなく、「手紙のやりとりという交換」自体に価値があるとし、「がまくんが抱えているのは、お手紙のやり取りをするという、社会的に他の人々が共有している制度に参画したいという希望ではないだろうか。」と読んでいる点に関してである。足立さんは「お手がみ」の内容の「しんゆう」という文言の重要さを問題にしているが、ボクが問題にしたいのは、〈手紙〉というのは一つのコミュニケーションの〈制度〉なのだが、それは同時に〈制度〉としてのコミュニケーションの外側に開かれているのではないかということだ。それは、中村さんの言葉を借りれば「両義的なアレゴリー」なのである。いつ来るか、何が書いてあるか、分からないもの、そこに〈手紙〉のもう一つの本質があり、そうであるならば、「お手がみ」は〈制度〉でありながら、〈制度〉を超えている。

手紙を書いた「かえるくん」はそれを「かたつむりくん」に託して「がまくん」の家にたどり着き、その内容を「がまくん」にしゃべってしまう。にもかかわらず「二人」は手紙を待ち続け、四日経って届いた手紙を「がまくん」は喜んで受け取るのである。「お手がみ」が〈制度〉であり、〈制度〉を超えているとするならば、こうしたプロットを〈メタプロット〉のレベルでどのように読んだらいいのか。この〈作品の意志〉は「がまくん」の二重の喜びを超えていくところに向かっているのではないか。……ボクは『おおきなかぶ』の場合と同様に、〈作品〉とは何なのか、〈教材〉とは何なのか、〈読み〉とはどういうことなのか、という問いの中に身を沈めていくことになる。

さて、話は最初に戻るが、ボクはタヌキだったことを後悔していない。

執筆者一覧（五十音順）

秋枝　美保（あきえだ　みほ）　比治山大学助教授

足立　悦男（あだち　えつお）　島根大学教授

跡上　史郎（あとがみ　しろう）　富山大学助教授

阿毛　久芳（あもう　ひさよし）　都留文科大学教授

磯貝　英夫（いそがい　ひでお）　広島大学・ノートルダム清心女子大学名誉教授

岩永　正史（いわなが　まさふみ）　山梨大学教授

大塚　美保（おおつか　みほ）　聖心女子大学助教授

汐見　稔幸（しおみ　としゆき）　東京大学大学院助教授

竹内　隆（たけうち　たかし）　神戸市立甲緑小学校教諭

戸田　功（とだ　いさお）　埼玉大学助教授

友重　幸四郎（ともしげ　こうしろう）　四国大学教授

中村　三春（なかむら　みはる）　山形大学助教授

深川　明子（ふかがわ　はるこ）　金沢大学教授

宮原　修（みやはら　おさむ）　お茶の水女子大学大学院教授

HISTORY & DATA　榊原　昭夫

編者略歴

田中　実
（たなか　みのる）

1946年福岡県柳川に生まれる。立教大学大学院博士課程満期退学。都留文科大学教授。森鷗外を中心にした近代文学の研究を専攻。近年は〈他者〉、天皇制、村上春樹、児童文学、国語教育に関する論文多数。著書に『小説の力――新しい作品論のために』（1996　大修館書店）『読みのアナーキーを超えて――いのちと文学』（1997　右文書院）などがある。

須貝　千里
（すがい　せんり）

1950年東京都板橋区に生まれる。法政大学文学部日本文学科卒業。山梨大学教授。主に国語教育史、文学教育論を研究対象とし、多数の論文がある。近年は文学作品の教材価値の研究に関心を持ち、文学研究と国語教育研究の交差という視点から宮澤賢治の作品の研究に挑む。著書に『〈対話〉をひらく文学教育――境界認識の成立』（1989　有精堂）などがある。

文学の力×教材の力　小学校編1年

2001年3月16日　初版第1刷発行
2007年2月5日　初版第2刷発行

編　者　田中　実・須貝　千里
発行者　小林　一光
発行所　教育出版株式会社
〒101-0051　東京都千代田区神田神保町2-10
電話　(03)3238-6965　振替 00190-1-107340
URL http://www.kyoiku-shuppan.co.jp/
AD　白田　環

ISBN 978-4-316-37890-9　C3337

印刷　三美印刷
製本　上島製本

シリーズ 文学の力×教材の力 小学校編—全6巻—

各巻（学年）の収録作品と執筆者

学年	作品	執筆者	学年	作品	執筆者
1年	おおきなかぶ	中村 三春	4年	一つの花	黒古 一夫
	おおきなかぶ	汐見 稔幸		一つの花	村上 呂里
	お手がみ	跡上 史郎		ごんぎつね	鈴木 啓子
	お手がみ	足立 悦男		ごんぎつね	松本 修
	くじらぐも	阿毛 久芳		白いぼうし	鶴谷 憲三
	くじらぐも	深川 明子		白いぼうし	難波 博孝
	たぬきの糸車	秋枝 美保		やい，とかげ	田村 嘉勝
	たぬきの糸車	竹内 隆		やい，とかげ	松山 雅子
	ゆきの日のゆうびんやさん	友重幸四郎		とっときのとっかえっこ	石川 巧
	ゆきの日のゆうびんやさん	戸田 功		とっときのとっかえっこ	山元 悦子
	サラダでげんき	大塚 美保		あ・し・あ・と	大塚 常樹
	サラダでげんき	岩永 正史		あ・し・あ・と	三好修一郎
	「本道に還る」ということ	宮原 修		総合学習と国語・文学教育	小野 牧夫
	私の最初の文学体験	磯貝 英夫		学習材に新風を	倉澤 栄吉
2年	かさこじぞう	小林 広一	5年	大造じいさんとガン	猪狩 友一
	かさこじぞう	鶴田 清司		大造じいさんとガン	佐野 正俊
	スイミー	川村 湊		雪わたり	石川 則夫
	スイミー	中西 千恵		雪わたり	牛山 恵
	アレクサンダとぜんまいねずみ	渥美 孝子		注文の多い料理店	松元季久代
	アレクサンダとぜんまいねずみ	丹藤 博文		注文の多い料理店	府川源一郎
	わにのおじいさんのたからもの	髙橋 龍夫		わらぐつの中の神様	古郡 康人
	わにのおじいさんのたからもの	加藤 憲一		わらぐつの中の神様	牧戸 章
	スーホの白い馬	関谷由美子		五月の初め，日曜日の朝	原 善
	スーホの白い馬	木下ひさし		五月の初め，日曜日の朝	内藤 一志
	きつねのおきゃくさま	鷲 只雄		木竜うるし	山﨑 一穎
	きつねのおきゃくさま	望月 善次		木竜うるし	藤原 和好
	新師のDNA	浅井 清		言葉の力，あるいは読むということ	佐藤 泰正
	では，時枝誠記や吉本隆明を読み直してみよう	亀井 秀雄		表現障害ー口を閉じる子どもたち	竹内 敏晴
3年	おにたのぼうし	田中 実	6年	やまなし	花田 俊典
	おにたのぼうし	佐藤 学		やまなし	須貝 千里
	ちいちゃんのかげおくり	渡辺 善雄		海の命	林 廣親
	ちいちゃんのかげおくり	中村 哲也		海の命	渋谷 孝
	モチモチの木	平野 芳信		川とノリオ	神谷 忠孝
	モチモチの木	橋本 博孝		川とノリオ	浜本 純逸
	つり橋わたれ	宮越 勉		きつねの窓	上田 渡
	つり橋わたれ	成田 信子		きつねの窓	塚田 泰彦
	のらねこ	細谷 博		ヒロシマのうた	原 仁司
	のらねこ	長谷川 峻		ヒロシマのうた	住田 勝
	わすれられないおくりもの	小林 幸夫		田中正造	後藤 康二
	わすれられないおくりもの	大槻 和夫		田中正造	森本 真幸
	文芸批評・文学研究・国語授業	加藤 典洋		文学を教えるということ	石田 忠彦
	書き言葉は不滅・自分が感銘しない文章は教室に持ち込むな	杉山 康彦		虚構（文芸）の比喩	西郷 竹彦

＊各学年，下段２本（細罫の下）は「Essay」です